情緒森林探險：
情緒教育輔導方案

（第二版）

孟瑛如、陳志平　著

作者簡介

孟瑛如

學歷：美國匹茲堡大學教育輔導碩士

美國匹茲堡大學特殊教育博士

現職：國立清華大學特殊教育學系教授兼特殊教育中心主任

專長：學習障礙、情緒行為障礙

陳志平

學歷：國立新竹教育大學特殊教育碩士

國立彰化師範大學特殊教育博士

現職：苗栗縣后庄國民小學教師

國立清華大學特殊教育學系兼任助理教授

專長：學習障礙、情緒行為障礙

目次

前言

　　本書各單元的目標與內容如下表所示，輔導者可以在進行「情緒森林探險」的遊戲後，依據學生的情緒需求進行相關的輔導活動，待活動結束後再依據教學目標，讓參與團體的成員完成學習單，達到更佳的學習效果。

　　例如：單元一的「情緒識字率」，便可將情緒卡依據強度加以排列，或是依據內在／外在或正向／負向情緒加以分類，或是將「情緒森林探險：補充包」的情緒卡，填上自己設計、觀察的情境與條件後再混入遊戲卡中，使遊戲更有趣也更符合自己的生活經驗。單元二、三、四、五可以配合抽情緒卡的方式表演各種情緒，或是運用補充包的空白情緒卡，繪製自己喜歡的情緒臉譜與情緒公仔，將更多的情緒線索與情境條件納入，也可用抽出情緒卡的方式，和玩家討論各種情緒經驗。

　　單元六、七、八可以配合玩家使用願望卡與行動卡的情緒經驗，加以討論和分享，讓玩家逐漸了解自己的情緒本質，以及如何善用這些本質的優勢，扭轉劣勢。單元九、十、十一、十二則可以搭配願望卡的討論，讓玩家反思、了解運用情緒的目的，以及面對充滿挑戰與未知變數的人生，要如何積極面對、追求幸福的人生。單元十三則為綜合練習，可搭配先前各個單元所學，讓學生從事和緩的紓壓活動，以及練習情緒的察覺、表達、調整和運用。

「情緒教育輔導方案」的目標與內容

單元	名稱	單元目標
一	情緒識字率	認識基本的情緒、了解情緒與生理、認知行為的關係。
二	情緒猜猜猜	學習察覺個人及他人情緒在生理、心理以及外在語言上的變化。
三	情緒挑戰營	學習察覺個人及他人情緒在生理、心理以及外在非語言上的變化。
四	心情故事	學習運用語言的方式表達個人情緒，以因應他人的情緒。
五	心情三溫暖	學習運用非語言的方式表達個人情緒，以因應他人的情緒。
六	情緒凍未條	認識情緒衝動以及如何發洩情緒。
七	情緒變變變	學習控制情緒衝動，使用調整策略的能力。
八	情緒連續劇	學習控制情緒衝動，了解錯誤使用調整策略的嚴重性。
九	怒火不能燒	學習如何轉移注意、促進思考。
十	情緒會轉彎	學習如何轉移注意、促進思考，忽視或因應負面情緒。
十一	情緒藏寶圖	學習正向激動以及反省成長，化負向情緒為正向激勵。
十二	情緒歡樂屋	複習所學並能了解情緒察覺、表達、調節與運用的真正含意。

「情緒教育輔導方案」活動設計

活動設計一：情緒識字率

活動名稱	情緒識字率	教學年級	八年級
教材來源	自編、新課綱特殊需求	教學日期	月　日
教學者	兩位協同教師	活動時間	90 分鐘
活動方式	講述、示範、遊戲、角色扮演、討論、發表。		
單元目標	1.訂立團體規則。 2.認識基本的情緒名詞。 3.了解情緒與生理、認知和行為的關係。		
準備器材	坐墊、木魚、銅鐘、精油燈、錄音機、CD、白板、出席紀錄表、契約書、瓶子（盒子）、獎懲卡、情緒偵探、指溫器測試儀、膚電流測試儀、氣球、針、橡皮筋、紙張、情緒卡、膠水、玩偶、學習單、眼罩。		

活動流程	器材	時間
一、引起動機		
1.　**靜思活動**：播放輕音樂，全體進行 3～5 分鐘的靜思活動，讓學生沉靜下來，以便專心地加入活動。（每次活動輪流讓一位學生敲木魚，另一位學生敲擊銅鐘。敲擊順序：先緩敲擊木魚 9 次，再速敲 8 次及緩敲 1 次後，由另一位緩敲銅鐘 1 次；接著緩敲 1 次木魚和緩敲 1 次銅鐘；重複緩敲 1 次木魚和緩敲 1 次銅鐘後，全體雙手合十靜坐，藉此訓練所有學生的專注力，意即：123456789，12345678～9～，鏘～；扣～鏘～；扣～鏘～，全體雙手合十靜坐。）	坐墊、木魚、銅鐘、精油燈、錄音機、CD、白板、出席紀錄表	15
2.　**訂定契約**：教學者說明活動的目的和訂定契約後，將契約做成瓶中信（或封於箱子中）放置於教室的櫃子裡。	契約書、瓶子（盒子）	
3.　**活動目標**：請學生為自己和團體取名稱、訂定團體目標及獎懲規則，並公布於白板上。	獎懲卡	
4.　**情緒偵探**：教學者向學生說明心情指數的意義及填答方式，請學生想想自己的情緒表現和觀察一位同儕的情緒表現後填答，最後並發表看法與感想。	情緒偵探	
二、發展活動		
1.　**情緒測試**：教學者說明情緒與生理、認知和行為的關係後，讓學生用指溫器或膚電流等生理回饋測試儀測試，使其了解情緒會與生理的變化相互影響並由外在的行為表現出來。	指溫器測試儀、膚電流測試儀、氣球、針、橡皮筋	15
2.　**情緒衝衝**：請一位學生一手用指溫器和膚電流測試儀測試，另一手拿一個吹漲的氣球，當教學者做狀要用針戳破氣球		10

時，其他人觀察儀器上數字的變化。		
3. **討論與發表**：活動後讓學生討論和發表感想。		5
4. **中間休息**。		
5. **情緒樹**：教學者說明正向和負向的情緒，並請學生分成兩組討論有哪些不同的情緒，再將情緒卡貼在白板的情緒樹上，接著由教學者幫助學生澄清正向、負向、中性情緒的差別及優缺點。	紙張、情緒卡、膠水	15
6. **情緒 High 翻天**：播放電子搖頭音樂，並將教室的電燈反覆開、關，以製造閃爍情境（教學時間若為白天，可將窗簾拉上），讓學生藉由跳舞運動體驗興奮情緒，10 分鐘後請學生發表心得與感想。	錄音機、CD	15
7. **放鬆訓練**：播放輕柔音樂，指導學生以自由或抱玩偶的姿勢放鬆身體，約 10 分鐘後請學生發表心得與感想。	錄音機、CD、玩偶	10
三、綜合活動		
1. **討論與發表**：請學生討論今天的心得，並比較每個活動帶給他們的感覺。	學習單	5
2. **交待學習單**。		
備案活動：使用於任一正式活動無法施行或是靜態討論無法引起學生共鳴時使用。		
1. **貓捉老鼠**：將一人矇住雙眼假扮成貓，另一人則扮演成老鼠，讓貓憑著感覺和聲音去捕捉老鼠。	眼罩	10
2. **踩汽球**：每位學生將氣球套於腳上，互相踩破。	氣球、針、橡皮筋	10
3. **討論與發表**：請學生發表過去相似的經驗，如家人吵架或是被父母責打後的心情反應。		10

教學注意事項

1. **教材準備**：活動內容設計以遊戲為主，因此教材需事先準備，並以教具箱存放以利於當教室或是活動地點臨時更動時，教師可請學生迅速移動教材。
2. **教學內容**：「瓶中信」及活動目標需置於學生可看見但不易碰觸的地方；使用指溫器及膚電流測試儀時，可讓學生兩人一組相互測試及報讀數據，以增加學生的興趣和避免相互搶奪產生衝突；此外，現今手機科技已有許多 APP 軟體，可搭配穿戴裝置，測量心跳、體溫、腦波等基本生理指數，可使學生更清楚瞭解情緒變化與生理因素的關係。「情緒偵探」及「學習單」需用資料夾加以保存或是張貼於布告欄，讓學生有類化及反省的機會。
3. **學生反應**：活動雖是結構化教學，但仍應盡量以催化的方式鼓勵學生參與和發言，對

於情緒或是行為比較不容易控制的學生，須安排於教師身旁或是遇有臨時狀況可請另一協同教師加以安撫，待其情緒穩定之後再行加入。此外，可利用小增強物獎勵每次活動表現優異的學生。

4. **活動流程：**原則上以靜態說明—動態演示—靜態討論的順序為主，但如果靜態的討論無法吸引學生加入，便可採用備案的動態活動或是請學生發揮腦力激盪，想出與教學目標有關的活動，而不應拘泥於教案上的程序以發揮催化的效果。如果討論效果熱烈，則不急於結束討論而進行下一段活動；未進行的活動可於下次教學時，縮短時間繼續進行或是選擇適當時機於其他教學時間和地點進行，除可增加該教學的趣味性外，亦可刺激學生產生類化效果。

活動設計二：情緒猜猜猜

活動名稱	情緒猜猜猜	教學年級	八年級
教材來源	自編、新課綱特殊需求	教學日期	月　　日
教學者	兩位協同教師	活動時間	90 分鐘
活動方式	講述、示範、遊戲、角色扮演、競賽、討論、發表。		
單元目標	1.了解情緒教育目標。 2.學習察覺個人情緒。 3.學習察覺他人情緒。		
準備器材	坐墊、木魚、銅鐘、精油燈、錄音機、CD、出席紀錄表、白板、情緒偵探、紙張、筆、情緒卡、海報紙、剪刀、膠水、膠帶、毛巾、碗、水彩、學習單、氣球、橡皮筋、麥克筆。		

活動流程	器材	時間
一、引起動機 1.　**靜思與分享**：靜思後，教學者概述上週的學習重點，並請學生分享上課前的情緒經驗。 2.　**情緒偵探**：向學生說明心情指數的意義及填答方式，並請學生發表感覺（可簡化）。 3.　**愛恨情仇**：請每位學生在紙上寫出（或猜想）兩個人，一是自己最喜歡的人，一是自己最討厭的人，並比較二人的身體特徵差異（高、矮、胖、瘦、男、女、年輕、年長等）。	坐墊、木魚、銅鐘、精油燈、錄音機、CD、出席紀錄表、白板、情緒偵探	15
二、發展活動 1.　**情緒猜猜猜**：教學者示範運用心象法，請一位學生將眼睛閉上，輪流想像與自己喜歡和不喜歡的人相處，接著要學生想像兩人的某項身體特徵，藉此觀察學生臉上的表情變化去猜出學生喜歡和不喜歡的人究竟有何生理特徵。示範完畢後，請學生兩兩一組輪流觀察他人的臉部變化。	紙張、筆	25
2.　**討論與發表**：請學生發表如何察覺他人不同的情緒。		5
3.　**中間休息**。		
4.　**體驗閱讀障礙**：讓學生閱讀一篇「同音異字」構成的文章，藉此體驗閱讀障礙學生「字字都認識，但無法了解意義」的痛苦。接著，讓學生運用聽覺去心算簡單但題目冗長的數學題目，藉此體驗閱讀障礙學生因為「無法閱讀而只能單靠聽覺記憶學習」的痛苦。	紙張	10

5. **情緒賓果**：發給學生每人一張有 6×6 空格的紙，將情緒字彙單上的情緒字彙，挑選自己喜愛的填入，請學生玩一場賓果遊戲，勝利者可獲得獎品。	情緒卡、紙張	15
6. **情緒模特兒**：請學生分組後發給海報及相關美勞工具，讓學生在五分鐘內發揮創意進行模特兒裝扮比賽。完成後，教學者可讚美每一組，亦可詢問學生是否都喜歡別人對他所做的裝扮。	海報紙、紙張、剪刀、膠水、膠帶、毛巾、碗、水彩	15
三、綜合活動		5
1. **討論與發表**：請學生討論今天的心得，並比較每個活動帶給他們的感覺。		
2. **交待學習單**。	學習單	

備案活動：使用於任一正式活動無法施行或是靜態討論無法引起學生共鳴時使用。		
1. **情緒捉迷藏**：請每個學生給自己取一個情緒的名字後玩捉迷藏，活動中不得使用本名，否則便算犯規。		10
2. **氣球（蛋）的情緒**：發給學生每人一個氣球（蛋），請學生幫氣球（蛋）彩繪表情，並讓學生發表塗色的情緒為何。	氣球、橡皮筋、麥克筆	10
3. **討論與發表**：讓學生發表過去相似的情緒經驗，以及如何去察覺身邊親人的情緒變化。		

教學注意事項

1. **教材準備**：由於活動經常和音樂、美術及表演一起進行，因此在教材準備上應將其分成此三類，以便活動時能夠順利地搭配使用。

2. **教學內容**：「**情緒猜猜猜**」所需的技巧較高，教學者可在前一週事先告訴學生觀察他人的喜怒哀樂變化；「**情緒賓果**」的內容需要教學者先行準備情緒字彙單，以免學生不會書寫或是缺乏情緒字彙的能力而拒絕，並應為閱讀障礙學生於事前備妥內容，以減低其挫折感；「**情緒模特兒**」可準備不同性別的飾品以加強效果，如口紅和女性衣物等。

3. **學生反應**：為避免學生害羞而拒絕表演，表演項目應多以合作遊戲方式進行，促使害羞的學生願意開發自己的潛能。

4. **活動流程**：引起動機宜採結構化和逐次縮短時間的方式，以便增加學生發言的機會；此外為創造真實情境，活動時若非重大衝突，教學者宜在旁觀察或是刻意營造某些衝突情境，使學生能於活動中儘量表現真實的自我。

活動設計三：情緒挑戰營

活動名稱	情緒挑戰營	教學年級	八年級
教材來源	自編、新課綱特殊需求	教學日期	月　　日
教學者	兩位協同教師	活動時間	90 分鐘
活動方式	講述、示範、遊戲、角色扮演、競賽、討論、發表。		
單元目標	1.了解情緒教育目標。 2.學習察覺個人情緒。 3.學習察覺他人情緒。		
準備器材	坐墊、木魚、銅鐘、精油燈、錄音機、CD、出席紀錄表、白板、情緒偵探、紙卡、學習單、報紙。		

活動流程	器材	時間
一、引起動機 1.　**分享**：靜思後，教學者概述上週的學習重點，並請學生分享上課前的情緒經驗。 2.　**情緒偵探**：向學生說明心情指數的意義及填答方式，請學生自己填答和觀察一位同儕後填答，並發表感覺（可簡化）。 3.　**跟我一樣的人**：請學生起立，觀察他人後尋找與自己特質相似的人，並將自己的手搭在他（她）的肩上後，請學生發表心中的感覺，以及是否擔心自己沒有人會來搭理。	坐墊、木魚、銅鐘、精油燈、錄音機、CD、出席紀錄表、白板、情緒偵探	15
二、發展活動 1.　**假如我是動物**：請每位學生選擇自己最想變成的動物，教學者再運用投射技術引導學生體驗不同情緒的差別，如親情、愛情與友情等，並引發學生的內在情緒。	坐墊	15
2.　**情緒傳聲筒**：請所有學生背對教學者排成兩列，教學者將情緒故事告訴最後一位學生，由最後一位將情緒故事傳至前一位，如此依序傳至第一位後請他在白板寫出答案，最先完成且最正確的一組獲勝。如此反覆 4～5 次，藉以觀察每位學生傳遞訊息的能力，以及在答案揭曉後對待同儕的方式。	紙卡	10
3.　**討論與發表**：請學生發表活動心得。		5
4.　**中間休息**。		
5.　**信任跌倒**：請一位學生的身體保持筆直向後倒下，另兩位學生在其背後扶住，不使其跌倒。每位學生應輪流練習和擔任助人者，藉以體察自己及他人的感覺。	坐墊	20

6. **我不愛上課**：請較不能專心於活動的學生，概述及演出自己為何不喜歡上課。此外，如果在上課時，他（她）出現干擾行為時，老師會如何處理以及為何會發生師生衝突；藉由角色互換、親身演出，來體會對方（老師）的感覺，以理解老師為何會要求學生要專心上課並體會不被他人尊重的感覺。		20
三、綜合活動 1. **討論與發表**：請學生討論今天的心得，並比較每個活動帶給他們的感覺。 2. **交待學習單**。	學習單	5
備案活動：使用於任一正式活動無法施行或是靜態討論無法引起學生共鳴時使用。 1. **情緒故事**：教學者準備社會事件的剪報講述給學生聽，並與學生討論。 2. **情緒演練**：教學者給予指定的情境，請學生發揮機智反應表演出來。 3. **討論與發表**：讓學生發表過去失落和憂鬱的經驗，以及如何面對這樣的情緒變化。	報紙	10 10 5

教學注意事項
1. **教材準備**：本單元以活動為主，因此無需過多的教材，但教學者仍須事前為「情緒傳聲筒」準備有趣的內容，以吸引學生參與。此外，傳話的內容應長短適中，讓學生覺得有點容易但卻又無法完全記住內容，使傳話過程產生意想不到的「笑果」，促使學生體驗謠言的可怕，以及了解散播謠言的不當行為會傷害到自己的人際關係。 2. **教學內容**：討論「假如我是動物」時，教學者須熟悉其技巧，才能適度引發學生的內在情緒。 3. **學生反應**：由於以活動為主，學生極易於活動空檔出現不耐的情緒，需加以注意。 4. **活動流程**：演出的過程中，教學者可適時的穿插各種假設狀況，讓學生發揮創意表演，但須保持演出的流暢性及學生的自發性。

活動設計四：心情故事

活動名稱	心情故事	教學年級	八年級
教材來源	自編、新課綱特殊需求	教學日期	月　　日
教學者	兩位協同教師	活動時間	90 分鐘
活動方式	講述、示範、遊戲、角色扮演、競賽、討論、發表。		
單元目標	1.了解情緒教育目標。 2.學習運用語言表達個人情緒。 3.學習運用語言因應他人情緒。		
準備器材	坐墊、木魚、銅鐘、精油燈、錄音機、CD、出席紀錄表、白板、情緒偵探、信紙、影片、學習單。		

活動流程	器材	時間
一、引起動機 1. **靜思與分享**：靜思後，教學者概述上週的學習重點，並請學生分享上課前的情緒經驗。 2. **情緒偵探**：向學生說明心情指數的意義及填答方式，請學生自己填答和觀察一位同儕後填答，並發表感覺（可簡化）。 3. **情緒故事**：教學者講述一個青少年在出現偏差行為被保護管束後的心情故事，藉此引起學生的學習動機。	坐墊、木魚、銅鐘、精油燈、錄音機、CD、出席紀錄表、白板、情緒偵探	10
二、發展活動 1. **憂鬱專送**：請學生在兩張信紙上寫出 10 個自己現在難過或是想自傷的理由，分別註明兩個收信人（其中一人須為團體中的一人，一人為教學者），寫完後分別交給教學者和團體中的一人。	信紙	10
2. **心靈捕手**：每位學生收到信後，再寫一張可以解除憂鬱和想撐下去的 10 個理由給寄信的同學。	信紙	10
3. **教學者澄清**：教學者說明表達情緒的方式及因應之道，讓學生明瞭自己應如何向他人表達情緒，以及發現他人出現情緒困擾時要如何因應。	坐墊	10
4. **討論與發表**：請學生發表心得與感想。		5
5. **中間休息**。		
6. **影片欣賞**：向學生解說影片「她不笨，她是我爸爸」的重點，讓學生察覺自己的處境與劇中主角情境類似的地方，學習察覺情緒的重要，並引發學生同理他人情緒的能力。	影片	35

7. **討論與發表**：請學生發表活動心得。		5
三、綜合活動		
1. **討論與發表**：請學生討論今天的心得，並比較每個活動帶給他們的感覺。		5
2. **交待學習單。**	學習單	
備案活動：使用於任一正式活動無法施行或是靜態討論無法引起學生共鳴時使用。		
1. **故事接龍**：請學生輪流講述故事，句子中必須包含情緒詞句或是情境。		10
2. **衝突解決**：請學生假設與同儕發生衝突時應如何使用語言表達憤怒。		10
3. **討論與發表**：讓學生發表過去生氣和憤怒的經驗，以及如何面對這樣的情緒變化。		5
教學注意事項		

1. **教材準備：**信紙可選用青少年喜歡的樣式以增加學生的興趣，特別是寫有憂愁與哀傷的語句，更可觸發學生的情緒。

2. **教學內容：**引起動機時，可先以影片試播探知學生反應，若能引發學生的學習興趣，則可考慮延長播放時間以及將影片當增強物，促使學生於前段時間專心學習。

3. **學生反應：**若學生願意表達哀傷及憂鬱情緒，教學者須注意判斷學生是否藉機表達不理性的想法，並將訊息告知相關輔導人員做好防範的工作，不可忽視任何可能發生意外的訊息。

4. **活動流程：**活動中如有學生真情流露，教學者須引導大家同理他人情緒，並允許學生暫時離開團體並於適當角落安靜，待其情緒平穩後再行參加。

活動設計五：心情三溫暖

活動名稱	心情三溫暖	教學年級	八年級
教材來源	自編、新課綱特殊需求	教學日期	月　日
教學者	兩位協同教師	活動時間	90 分鐘
活動方式	講述、示範、遊戲、角色扮演、競賽、討論、發表。		
單元目標	1.了解情緒教育目標。 2.學習運用非語言表達個人情緒。 3.學習運用非語言因應他人情緒。		
準備器材	坐墊、木魚、銅鐘、精油燈、錄音機、CD、出席紀錄表、白板、情緒偵探、圖片、色紙、海報紙、蠟筆、圖畫紙、衛生紙、刀片、筆蓋、繪畫材料、學習單、報紙。		

活動流程	器材	時間
一、引起動機 1.　**靜思與分享**：靜思後，教學者概述上週的學習重點，並請學生分享上課前的情緒經驗。 2.　**情緒偵探**：向學生說明心情指數的意義及填答方式，並請學生發表感覺（可簡化）。 3.　**情緒顏色**：教學者以幾種圖案或顏色與學生討論視覺刺激對情緒的影響，並對不同色紙給予不同的情緒名稱。	坐墊、木魚、銅鐘、精油燈、錄音機、CD、出席紀錄表、白板、情緒偵探、圖片、色紙	15
二、發展活動 1.　**少年的心田**：配合情緒顏色，教學者以角色扮演和情緒包袱（用海報紙打包各種情緒顏色）的方式演出一個青少年，因為家庭破碎以及學習成就不佳而誤入歧途，雖然心中渴望朋友、家人及師長的關心，但卻害怕不堪的過去（情緒包袱）會被人發現的心路歷程，藉此引發學生的共鳴。此外，演出過程中並播放背景歌曲「朋友」，以加強共鳴。	錄音機、CD、海報紙、色紙	10
2.　**顏色遊戲**：播放輕柔音樂，請每位學生選擇三種最喜愛和最不喜愛的顏色在自己的圖畫紙上畫出不同的線段和區塊後，再以刮、塗、抹等技法，體驗不同的感覺。	錄音機、CD、蠟筆、圖畫紙、衛生紙、刀片、筆蓋、繪畫材料	15
3.　**討論與發表**：請學生發表活動心得。		5
4.　中間休息。		
5.　**音樂的饗宴**：請學生靜坐聆聽各種音樂，想像與醞釀各種情緒。	錄音機、CD	5

6. **情緒色彩**：播放輕柔音樂，將學生分成三組，每位學生用色彩及幾何圖形將自己的情緒畫在紙上，然後依順時鐘方向把紙張傳給左方的學生，請他畫出對該圖作者的情緒和感覺，完成後彼此分享心得。	錄音機、CD、蠟筆、圖畫紙、繪畫材料	15
7. **我想要的家**：播放輕柔音樂，請學生尋找自己最舒適的地方坐下，並畫出我最想要的家（HTP法，內容至少需要有房子House、樹Tree、人People），完成後請其他同學猜測其內容。	錄音機、CD、蠟筆、圖畫紙、繪畫材料	20
三、綜合活動		
1. **討論與發表**：請學生討論今天的心得，並比較每個活動帶給他們的感覺。	學習單	5
2. **交待學習單**。		
備案活動：使用於任一正式活動無法施行或是靜態討論無法引起學生共鳴時使用。		
1. **情緒故事**：教學者準備社會事件的剪報講述給學生聽，並與學生討論。	報紙	10
2. **情緒演練**：教學者給予指定的情境，請學生發揮機智反應表演出來。		10
3. **討論與發表**：讓學生發表過去失落和憂鬱的經驗以及如何面對這樣的情緒變化。		10

教學注意事項

1. **教材準備**：紙張以單一、八開及創作完畢後能夠方便保存為佳，教學者可事前準備同年級學生的創作以作為範例。

2. **教學內容**：儘量催化學生討論與色彩有關的情緒經驗，如穿著或包裝等，特別是對比的情緒經驗。教學者在進行角色扮演時，須配合音樂仔細掌握整個流程。並表達廣泛的情緒經驗，如悲傷、失望或挫折等，以引發學生的情緒共鳴，切勿流於情節的描述，否則無法引發學生共鳴。

3. **學生反應**：部分學生因為繪畫技巧不足而害怕繪畫，因此須向學生說明心情素描的目的，以及表達情緒是不需要繪畫技巧的。

4. **活動流程**：如使用水彩顏料，須謹慎控制水分及學生秩序，以免學生流於玩耍，如有該情形應立即處理，以免學生發生更大的衝突。

活動設計六：情緒凍未條

活動名稱	情緒凍未條	教學年級	八年級
教材來源	自編、新課綱特殊需求	教學日期	月　　日
教學者	兩位協同教師	活動時間	90 分鐘
活動方式	講述、示範、遊戲、角色扮演、競賽、討論、發表。		
單元目標	1.了解情緒教育目標。 2.認識情緒衝動。 3.了解如何發洩情緒的方式。		
準備器材	坐墊、木魚、銅鐘、精油燈、錄音機、CD、出席紀錄表、白板、情緒偵探、茶杯、水、眼罩、氣球、橡皮筋、顏料、針、刮鬍刀、刮鬍膏、學習單、紙張、椅子、高爾夫球、報紙。		

活動流程	器材	時間
一、引起動機 1.　**靜思與分享**：靜思後，教學者概述上週的學習重點，並請學生分享上課前的情緒經驗。 2.　**情緒偵探**：向學生說明心情指數的意義及填答方式，並請學生自己填答和觀察一位同儕後填答，並發表感覺（可簡化）。 3.　**憋氣控制**：請學生分組並派出代表，競賽者口中含著開水，捏住鼻子看誰憋氣較久（學生身體狀況不允許者則不勉強），而教學者則藉此說明情緒是無法壓抑的。	坐墊、木魚、銅鐘、精油燈、錄音機、CD、出席紀錄表、白板、情緒偵探、茶杯、水	15
二、發展活動 1.　**矇眼捉迷藏**：請一位學生戴眼罩去捉另一位未戴眼罩的同學，體會視障者的處境，以及捉不到人被同學嬉笑的心情。接著，請另一位同學也戴上眼罩，繼續進行追逐的遊戲，而其他同學則在一旁觀察兩位同學如何面對危險和暫時無法控制的環境，學習如何冷靜下來面對及因應。活動一回合後兩位學生再互換角色，體驗不同的感覺。	眼罩	25
2.　**討論與發表**：請學生發表心得與感想。		5
3.　中間休息。		
4.　**彩繪氣球**：請學生先將氣球吹大後用橡皮筋綁好，讓學生在氣球上彩繪自己喜歡的情緒圖像。	氣球、橡皮筋、顏料	10
5.　**戳氣球**：請學生將氣球先吹成即將爆炸的樣子，讓學生嘗試用針使氣球洩氣但又不能讓氣球爆破掉。接著，再將氣球吹	氣球、針	10

成中型尺寸，讓學生嘗試用針使氣球洩氣但又不能讓氣球爆破掉。最後，再將氣球吹成較小的樣子，並留有後面尚未吹滿的段落，讓學生練習嘗試讓氣球洩氣但又不能讓氣球爆破掉。		
6. **刮氣球**：請學生依戳氣球的程序，將氣球吹成大、中、小三種尺寸並抹上刮鬍膏，嘗試教學生安全地持刀片替氣球刮鬍子，並比較哪一種氣球較令人害怕，或是將前述彩繪氣球上面的顏料刮除。	氣球、刮鬍刀、刮鬍膏	10
7. **如何出氣**：教導學生如何安全地戳或是刮氣球，以了解控制及發洩情緒是有方法的，不然一下子爆破後會傷到周遭的人。		10
三、綜合活動		
1. **討論與發表**：請學生討論今天的心得，並比較每個活動帶給他們的感覺。		5
2. **交待學習單**。	學習單	
備案活動：使用於任一正式活動無法施行或是靜態討論無法引起學生共鳴時使用。		
1. **指畫**：將自己與他人的溝通方式畫成四格漫畫呈現。	紙張	10
2. **情境演練**：請女生扮演母親生氣責罵孩子的樣子，而扮演孩子的人應該用何種方式回應。	椅子	10
3. **包裝彈力**：發給學生每人一顆高爾夫球，示範球由高處往下丟後會自然彈起，而且力道愈大反彈愈大，接著請學生發揮創意包裝高爾夫球，讓高爾夫球在落地後的反彈最低且能夠讓球的外觀保持最完整漂亮。	高爾夫球、報紙	5

教學注意事項

1. **教材準備**：茶水須小心準備，以避免學生失控互相嬉鬧。
2. **教學內容**：彩繪時，須準備可以在光滑表面彩繪的顏料以及小號的筆，讓學生可以仔細彩繪，以免時間空出許多。
3. **學生反應**：學生若不知道如何安全地戳和刮氣球，教學者不需急於告訴他們答案，應讓學生發揮腦力激盪，學習思考如何發洩情緒。
4. **活動流程**：活動進行時雖應掌握氣氛使活動流暢，但是刮氣球和戳氣球部分則應於遊戲結束後請學生收拾場地並迅速坐定，以免學生發生衝突。

活動設計七：情緒變變變

活動名稱	情緒變變變	教學年級	八年級
教材來源	自編、新課綱特殊需求	教學日期	月　日
教學者	兩位協同教師	活動時間	90 分鐘
活動方式	講述、示範、遊戲、角色扮演、競賽、討論、發表。		
單元目標	1.了解情緒教育目標。 2.學習控制情緒衝動。 3.使用調整策略的能力。		
準備器材	坐墊、木魚、銅鐘、精油燈、錄音機、CD、出席紀錄表、白板、情緒偵探、剪報、信紙、筆、學習單、紙張、繪畫工具、衛生紙。		

活動流程	器材	時間
一、引起動機 1.　**靜思與分享**：靜思後，教學者概述上週的學習重點，並請學生分享上課前的情緒經驗。 2.　**情緒偵探**：向學生說明心情指數的意義及填答方式，請學生自己填答和觀察一位同儕後填答，並發表感覺（可簡化）。 3.　**心肝寶貝**：教學者說明每個人都是父母的心肝寶貝，與學生討論小時候難忘的記憶，藉此引起動機。	坐墊、木魚、銅鐘、精油燈、錄音機、CD、出席紀錄表、白板、情緒偵探	15
二、發展活動 1.　**情緒搖籃**：教學者播放歌手鳳飛飛演唱的歌曲「心肝寶貝」，請學生合力將一位學生抬高，以體驗睡在搖籃被呵護的感覺，活動應讓其他學生輪流體驗。	坐墊、精油燈、錄音機、CD	25
2.　**討論與發表**：請學生發表心得與感想。		5
3.　**中間休息。**		
4.　**討論失落**：藉由社會新聞與學生討論身邊親人離開或死亡的失落感覺，以及對親人離開或死亡事件的不同觀點，藉此引發學生的同理心以及對身邊親人的珍惜。	剪報	25
5.　**溫馨傳送**：請學生自己尋找最舒適的角落，藉由信紙（可畫圖）將關心及祝福傳送給曾經經歷過親人離開或是死亡的同學，希望他能繼續安心、平順的跟大家一起求學。	信紙、筆	15
三、綜合活動 1.　**討論與發表**：請學生討論今天的心得，並比較每個活動帶給		5

他們的感覺。 2. 交待學習單。	學習單	
備案活動：使用於任一正式活動無法施行或是靜態討論無法引 　　　　　起學生共鳴時使用。		
1. **連接畫**：請學生兩人一組畫一張畫，畫的原則為一人先畫， 　　一人猜測對方畫的內容並接著繼續畫，如此可訓練學生的耐 　　性。	紙張、繪畫工具	10
2. **發號施令**：發給學生每人一張衛生紙或紙張，請一個學生出 　　來說明折紙的方法，第一次不准其他學生發問，第二次只能 　　問一次，第三次自由問，讓學生體會領導者需要的耐心。	衛生紙、紙張	10
3. **怎樣不生氣**：請一位學生說出自己可以不生氣的方式，由他 　　人來駁斥或是糾正，經過他人糾正後學生再次提出不生氣的 　　方式，如此反覆直到其他人認為他會如此，才算成功。		10

教學注意事項

1. **教材準備：**由於剪報的內容並無法求證，因此教師蒐集前應特別注意，避免尋找細節報導反而更詳細的事件，衍生學生多元解讀的現象，反而失去輔導焦點。

2. **教學內容：**教學重點並非真相的澄清或是討論媒體八卦事件，而是希望教導學生體會報導人物家庭事件演變為社會事件的心情。

3. **學生反應：**「情緒搖籃」進行時應鼓勵學生多用非語言的溝通，並且注意學生是否遵守安全原則。

4. **活動流程：**「情緒搖籃」可由較活潑好動的男生示範以帶動氣氛。「**溫馨傳送**」進行時，可以搭配音樂「心肝寶貝」。

活動設計八：情緒連續劇

活動名稱	情緒連續劇	教學年級	八年級
教材來源	自編、新課綱特殊需求	教學日期	月　日
教學者	兩位協同教師	活動時間	90 分鐘
活動方式	講述、示範、遊戲、角色扮演、競賽、討論、發表。		
單元目標	1.了解情緒教育目標。 2.學習如何轉移注意。 3.學習促進思考。 4.學習忽視負面情緒。		
準備器材	坐墊、木魚、銅鐘、精油燈、錄音機、CD、出席紀錄表、白板、情緒偵探、香檳、紙杯、女性衣物、化妝品、報紙、警帽、學習單、紙張、繪圖工具		

活動流程	器材	時間
一、引起動機 1.　**靜思與分享**：靜思後，教學者概述上週的學習重點，並請學生分享上課前的情緒經驗。 2.　**情緒偵探**：向學生說明心情指數的意義及填答方式，請學生自己填答和觀察一位同儕後填答，並發表感覺（可簡化）。 3.　**背對背站立**：請學生兩兩互相背對背坐在地上，然後不經由手掌撐地，僅靠兩人背對背的合作讓兩人站立，藉此暖身和增加學生彼此的關係。	坐墊、木魚、銅鐘、精油燈、錄音機、CD、出席紀錄表、白板、情緒偵探	10
二、發展活動 1.　**情緒搖搖頭**：播放電子舞曲並利用教室的電燈製造出類似舞池光線閃爍的感覺，讓學生的情緒保持在較 high 的狀態。	錄音機、CD	10
2.　**衝突演練**：將學生分成兩組並派代表競賽，遊戲規則為雙方代表進行衝突演練。每一回合開始前，教學者為雙方各準備一杯飲料，開始後雙方可用言語任意的攻擊對方的代表或成員，但雙方人員在遭攻訐後不但不能產生怒氣且須面帶微笑因應，競賽目標為將對方激怒為勝。每一回合獲勝者可將對方的飲料喝完，以增強雙方參加競賽的意願。	香檳、紙杯	20
3.　**討論與發表**：請學生發表心得與感想。		5
4.　**中間休息**。		
5.　**車展帥妹**：請女同學幫男同學打扮成車展帥妹，而女同學則扮演成宅男，由女同學表現出宅男用不適當方法碰觸車展帥妹，讓男同學體驗被他人用不當方式碰觸及用有色眼光看待	女性衣物、化妝品	5

的心理感受，以學習尊重他人。		
6. **霸凌止步**：請一位比較容易衝動且常欺侮他人的學生（可依其優點，如稱其較有勇氣、演技佳，以減少抗拒）示範遭受其他青少年霸凌的情景，體驗被欺侮的感覺。演出霸凌者，每人手持一個坐墊或是紙棍增加演出的效果。必要時可由不同的學生輪流體驗被霸凌時的害怕心情，以及討論如何防治。	坐墊、報紙	15
7. **協助羔羊**：重新演練一次霸凌活動，由另一位同學扮演聞訊趕至現場的警察抓到最慢離場的兇嫌，讓學生體會自己雖然只是圍觀或是出手很輕，卻可能成為代罪羔羊，以促使學生思考自己從眾心理的危機，並尋找機會替被霸凌者勇敢說出霸凌事件與感覺。	坐墊、報紙、警帽	15
三、綜合活動		
1. **討論與發表**：請學生討論今天的心得，並比較每個活動帶給他們的感覺。		10
2. **交待學習單**。	學習單	5
備案活動：使用於任一正式活動無法施行或是靜態討論無法引起學生共鳴時使用。		
1. **情緒徽章**：請學生自己設計各種情緒的徽章。		10
2. **刺青紋身**：請學生在紙上先描繪身體的部分（如手腕或是胸部），然後想像自己要刺青或是裝扮該部位，接著用圖畫為自己裝飾。	紙張、繪畫工具	10
3. **獄中生活**：請學生畫出監獄中的生活（分為獄中人和非獄中人的觀點）。	紙張、繪畫工具	10
4. **一句話說故事**：教學者請學生擬定主題，讓學生輪流用一句話說故事。		10

教學注意事項
1. **教材準備**：為提高「衝突演練」的競爭性，可準備香檳飲料或是其他增強物。
2. **教學內容**：「衝突演練」所使用的語言內容無限制，即使是不雅也暫時包容，重點在於讓學生明瞭吵架的內容才是引爆爭議的重點，而非語言本身。
3. **學生反應**：「情緒紋身」、「獄中生活」與「車展帥妹」可視學生反應增加或減少時間，但鼓勵學生多發表感想。
4. **活動流程**：須請另一位老師監控較無法安靜參與靜態活動的學生，例如：要求他（她）先安靜等待，否則由他（她）率先發表意見，以促使學生能夠安靜思考自己的內在情緒。

活動設計九：怒火不能燒

活動名稱	怒火不能燒	教學年級	八年級
教材來源	自編、新課綱特殊需求	教學日期	月　日
教學者	兩位協同教師	活動時間	90分鐘
活動方式	講述、示範、遊戲、角色扮演、競賽、討論、發表。		
單元目標	1.了解情緒教育目標。 2.認識情緒衝動。 3.了解錯誤使用調整策略的嚴重性。		
準備器材	坐墊、木魚、銅鐘、精油燈、錄音機、CD、出席紀錄表、白板、情緒偵探、檳榔盒、鹽、白色粉末、小瓶子、紙張、影片、電視、VCD播放器、攝影機、照相機、學習單、紙張。		

活動流程	器材	時間
一、引起動機 1.　**靜思與分享**：靜思後，教學者概述上週的學習重點，並請學生分享上課前的情緒經驗。 2.　**情緒偵探**：向學生說明心情指數的意義及填答方式，請學生自己填答和觀察一位同儕後填答，並發表感覺（可簡化）。 3.　**清涼包裝盒**：將外觀印有清涼圖片的檳榔盒發給學生，詢問學生觀看後的感覺以及探討色情對青少年身心的影響。	坐墊、木魚、銅鐘、精油燈、錄音機、CD、出席紀錄表、白板、情緒偵探、檳榔盒	15
二、發展活動 1.　**遠離誘惑**：將事前準備類似裝有管制類藥品的瓶子裝上鹽或是其他白色粉末，分倒在紙上，故意引誘學生是否願意嘗試。學生嘗試後，再幫學生釐清好奇心可能帶來的危機，讓學生思考無法控制自己行為的嚴重性。	鹽、白色粉末、小瓶子、紙張	10
2.　**小媽影片**：觀看「小媽媽懷孕」影片，讓學生了解不適當的性關係會為自己及可能的生命帶來不小的困擾。	影片、電視、VCD播放器	15
3.　**討論與發表**：請學生發表心得與感想。		5
4.　**中間休息**。		
5.　**鏡中的我**：教學者示範不用語言表達各種生活事件及情緒，另一教學者則模仿相同動作，彷彿是鏡子中的人物，活動分成兩組，各推派兩位選手進行比賽。	攝影機、照相機	15
6.　**情緒雙簧**：請一人坐在團體前面說故事，另一人則表演出故事內容，內容需要充滿許多衝突及矛盾，以引導學生思考情	攝影機、照相機	20

緒的管理與調整方式。		
7. **教學者澄清**：教學者說明以非語言表達衝動情緒的方式及因應之道，讓學生明瞭自己如何向他人表達衝動情緒，以及發現他人出現情緒困擾時要如何因應。		5
三、綜合活動		
1. **討論與發表**：請學生討論今天的心得，並比較每個活動帶給他們的感覺。		5
2. **交待學習單**。	學習單	
備案活動：使用於任一正式活動無法施行或是靜態討論無法引起學生共鳴時使用。		
1. **故事接龍**：請學生一人在前面講述一小段故事，另一人在前面表演，其中故事必須包含情緒詞句或是情境。接著再由另一人接續故事，而原先說故事之人則接續表演，如此輪流講完一個故事。		10
2. **背後寫字**：請學生用背後寫字或是比手畫腳的方式表達情緒讓其他人猜測。	紙張	10
3. **討論與發表**：讓學生發表過去如何面對親人的不同情緒經驗以及如何因應。		5

教學注意事項

1. **教材準備**：「遠離誘惑」的教材須準備逼真，不然容易被有經驗的學生識破，減低效果。
2. **教學內容**：觀看「小媽媽懷孕」影片，須事前了解學生的背景與經驗，以免對有過類似經驗的學生產生不良的影響。
3. **學生反應**：學生編演故事時，教學者可適時地加入演出，並引導學生在主題內發揮，如此一可使活動熱絡，二是使學生思考內在情緒，才不致流於嬉鬧。
4. **活動流程**：活動以創作方式居多，如果學生能力較弱，教學者應適時地加入，以確保流程順暢；如果學生能力較強，教學者可放手讓學生多創作。

活動設計十：情緒會轉彎

活動名稱	情緒會轉彎	教學年級	八年級
教材來源	自編、新課綱特殊需求	教學日期	月　日
教學者	兩位協同教師	活動時間	90 分鐘
活動方式	講述、示範、遊戲、角色扮演、競賽、討論、發表。		
單元目標	1.了解情緒教育目標。 2.學習如何轉移注意。 3.學習促進思考。 4.學習忽視負面情緒。		
準備器材	坐墊、木魚、銅鐘、精油燈、錄音機、CD、出席紀錄表、白板、情緒偵探、影片、錄放影機、攝影機、香檳瓶、小鐵環、繩子、學習單、圖片。		

活動流程	器材	時間
一、引起動機 1. **靜思與分享**：靜思後，教學者概述上週的學習重點，並請學生分享上課前的情緒經驗。 2. **情緒偵探**：向學生說明心情指數的意義及填答方式，請學生自己填答和觀察一位同儕後填答，並發表感覺（可簡化）。 3. **助人為快樂之本**：因應○○受到同儕的排擠，教學者向團體成員說明○○參加團體後的成長狀況，希望大家了解助人工作除了幫助別人外，更可使自己成長。	坐墊、木魚、銅鐘、精油燈、錄音機、CD、出席紀錄表、白板、情緒偵探	10
二、發展活動 1. **影片中的我**：觀看前幾次的活動影片，想想自己的表現以及他人的表現如何。另外，也藉機澄清兒童青少年的自我價值與偶像崇拜迷思，教導學生認清自我，那麼自己就是別人眼中的偶像。	影片、錄放影機	10
2. **情緒偶像台**：教學者請學生自編戲劇表演，擔任導演的人須在一旁敘說故事，而其他的學生則擔任演員。擔任導演之人，須將所有學生皆給予角色表演，以增加團體成員的互動。	攝影機	20
3. **討論與發表**：請學生發表心得與感想。		
4. **中間休息**。		
5. **熱鍋上的螞蟻**：請每位學生輪流坐在團體中間，讓其他學生輪流陳述對他的感覺並說出其三個優點及缺點，但不得做人身攻擊並須給予正向的建議，才算完成活動。	坐墊	5

6. 釣酒瓶：準備兩個空香檳瓶及兩條繩子，繩子一端各綁上直徑略大於瓶口的小鐵環，請學生分成兩組競賽，將倒地的香檳瓶以釣魚的方式用繩子及鐵環將其釣起成為站立狀態。遊戲結束後，在各隊的鐵環上再綁上一條繩子讓各隊練習以兩人的力量釣起酒瓶。本活動可增加至三人或四人以合作協同的方式釣起酒瓶，以體會合作的意義。	香檳瓶、小鐵環、繩子　25

三、綜合活動

1. 討論與發表：請學生討論今天的心得，並比較每個活動帶給他們的感覺。	15
2. 交待學習單。	學習單　5

備案活動：使用於任一正式活動無法施行或是靜態討論無法引起學生共鳴時使用。	
1. 偶像的自由：請學生找三個好友為一組後，教學者再將其隨機拆開組成三人一組（學生可能互相討厭）後，用繩子將三人綁在一起，體驗偶像整天被歌迷困擾的感覺。	繩子　10
2. 歌迷與自信：與學生討論外表與自信、盲目崇拜的後果，並說明自信的重要。	圖片　10

教學注意事項

1. **教材準備**：事前準備明星海報或偶像趣事，但須為青少年目前最喜歡和過氣的明星，讓學生了解任何人都可能成為偶像，但也可能成為過氣明星，重要的是自己如何看待自己。

2. **教學內容**：「情緒偶像台」需要較高的語言技巧，教學者進行活動時需考慮學生特性，分配重要角色給較有領導能力和表演天份的人，以免害羞內向的學生一開始不願意表演。

3. **學生反應**：「助人為快樂之本」可視學生反應詢問學生，社會上還有哪些人值得幫助；「情緒偶像台」的活動應讓學生儘量體會自我價值的重要，他人的眼光僅是參考，只要自己努力就是別人眼中的偶像與明星。

4. **活動流程**：表演時須提醒擔任導演的同學，是否所有人皆已加入表演活動。

活動設計十一：情緒藏寶圖

活動名稱	情緒藏寶圖	教學年級	八年級
教材來源	自編、新課綱特殊需求	教學日期	月　　日
教學者	兩位協同教師	活動時間	90分鐘
活動方式	講述、示範、遊戲、角色扮演、競賽、討論、發表。		
單元目標	1.了解情緒教育目標。 2.學習正向激動。 3.學習反省成長。 4.學習化負向情緒為正向激勵。		
準備器材	坐墊、木魚、銅鐘、精油燈、錄音機、CD、出席紀錄表、白板、情緒偵探、繩子、價值拍賣單、紙幣、睡袋、石頭、磚塊、學習單。		

活動流程	器材	時間
一、引起動機 1.　**靜思與分享**：靜思後，教學者概述上週的學習重點，並請學生分享上課前的情緒經驗。 2.　**情緒偵探**：向學生說明心情指數的意義及填答方式，請學生自己填答和觀察一位同儕後填答，並發表感覺（可簡化）。 3.　**影片中的我**：觀看上一單元「**情緒偶像台**」的影片，讓學生進一步察覺自己在活動中的表現，也觀察自己在影片中與同儕的互動情況。	坐墊、木魚、銅鐘、精油燈、錄音機、CD、出席紀錄表、白板、情緒偵探	15
二、發展活動 1.　**雙手互推遊戲**：將學生分成兩組，請兩位學生相對站立用雙手互推或碰觸進行競賽，其目的在於讓對方的雙腳移動而自己雙腳不移動為獲勝。每位學生輪流完之後，再各派兩位同學，進行2—2的競賽，用合作的方式取勝。完畢之後可再進行3—3或4—4的競賽。	繩子	10
2.　**繩子遊戲**：將學生分成兩組，運用繩子設計1—1互拉的遊戲，原則是將繩子圍繞於臀部，一手抓握繩子的一端，兩人藉由繩子的收放讓對方的雙腳移動則為獲勝。	繩子	15
3.　**合作跳繩**：將學生分成兩組，讓學生以2人、3人及4人一組的方式進行合作跳繩競賽，藉由觀察他隊成員如何進行合作，以及討論自己的團體應如何合作來共同完成	繩子	15

任務。		
4. **討論與發表**：請學生發表心得與感想。		5
5. 中間休息。		
6. **價值拍賣會**：教學者事前準備價值拍賣單（單子上有 20 件重要有價值的事，再請學生補充 10 件）、紙幣 10000 元（100 元、500 元及 1000 元紙幣各數張）發給每位學生，請學生在價值拍賣單上依序標示出自己覺得人生最重要的 3 件事，標示後請所有學生進行價值競標。競標代價爲以最少錢標得最有價值的東西，代價計算公式爲：**代價＝重要性 1×標價 1＋重要性 2×標價 2＋重要性 3×標價 3**。	價值拍賣單、紙幣	30
7. **做個溫柔且堅強的人**：準備一個睡袋、石頭以及磚塊，請學生先用手槌打睡袋、石頭以及磚塊，然後發表感想。接著，再請學生拿石頭與磚塊互敲，看看會發生什麼事後，再發表感想與看法。最後，教學者將石頭或磚塊包在睡袋內，再請學生槌打睡袋看看，然後發表有什麼樣的感覺。本活動目的在於讓學生明瞭，像睡袋般柔弱的個性容易遭受他人的欺侮，但像石頭與磚塊般一樣剛硬的個性亦容易受傷，唯有溫柔且堅強的人才會讓人親近且不會被人欺侮，藉此讓學生反省自己情緒的優缺點。	睡袋、石頭、磚塊	10
三、綜合活動		
1. **討論與發表**：請學生討論今天的心得，並比較每個活動帶給他們的感覺。		5
2. **交待學習單**。	學習單	
備案活動：使用於任一正式活動無法施行或是靜態討論無法引起學生共鳴時使用。		
1. **資源回收站**：請學生拿出自己覺得最沒有價值的事物給教學者做資源回收，但條件是其他成員也都覺得該事物已毫無價值才能拿出來做資源回收，藉此來提高學生的自尊心與自我價值感。		10
2. **魔術商店**：請學生拿出自己擁有但覺得最不喜歡或最沒有價值的事物，並與教學者交換最想擁有或覺得最有價值的事物，但條件是讓教學者覺得他想要交換的東西能吸引別人想要與其交換，同時在交換後他將不再擁有其原先要交換的價值或事物，藉此來提醒學生珍惜自己所		20

擁有的事物與價值。		

教學注意事項

1. **教材準備：**「紙幣」準備須以逼真為原則，方能提起學生的興趣。
2. **教學內容：**「價值拍賣會」需向學生強調人生的選擇有限，需將有限的精力花在自己覺得重要的事。
3. **學生反應：**本單元的動態活動雖能引起學生的參與意願，但須注意學生的反應是否過於激烈，以免衍生出打鬧的行為。
4. **活動流程：**「合作跳繩」需要教學者提醒合作及討論的重要性，以免學生爭吵不休，反而破壞活動的目的。

活動設計十二：情緒歡樂屋

活動名稱	情緒歡樂屋	教學年級	八年級
教材來源	自編、新課綱特殊需求	教學日期	月　　日
教學者	兩位協同教師	活動時間	90 分鐘
活動方式	講述、示範、遊戲、角色扮演、競賽、討論、發表。		
單元目標	1.了解情緒教育目標。 2.學習正向激動。 3.學習反省成長。 4.學習化負向情緒為正向激勵。		
準備器材	坐墊、木魚、銅鐘、精油燈、錄音機、CD、出席紀錄表、白板、情緒偵探、各種教材或影片、獎品、茶點、飲料、情緒教育輔導方案回饋表、VCD 影片		

活動流程	器材	時間
一、引起動機 1. **靜思與分享**：靜思後，教學者概述上週的學習重點，並請學生分享上課前的情緒經驗。 2. **情緒偵探**：向學生說明心情指數的意義及填答方式，請學生自己填答和觀察一位同儕後填答，並發表感覺（可簡化）。 3. **複習活動**：教學者重點提示各單元的活動重點與意義。	坐墊、木魚、銅鐘、精油燈、錄音機、CD、出席紀錄表、白板、情緒偵探	15
二、發展活動 1. **單元票選**：請學生選出最好玩或是印象最深刻的活動。 2. **頒獎同樂會**：準備獎品，依獎品蒐集的多寡，排定名次，讓優勝者優先挑選獎品，人人有獎以鼓勵大家的參加。另外，準備飲料及食物舉辦小型同樂會。 3. **回饋活動**：請學生填寫「情緒教育輔導方案回饋表」，並發表意見。 4. **影片欣賞**：播放影片「情人眼裡出西施」，讓學生明瞭自我認同的價值，而輔導老師和其他老師都會隨時幫助他們，並不會因為他們的外在或是過去的行為表現而否定他們。	各種教材或影片、獎品、茶點、飲料 情緒教育輔導方案回饋表 VCD 影片	5 15 10 40
三、綜合活動 討論與發表：教學者播放音樂向學生說明教學已經結束，並教導他們繼續使用學過的技巧，以因應各種情緒。	錄音機、CD	5

備案活動：使用於任一正式活動無法施行或是靜態討論無法引起學生共鳴時使用。		
星夜談心：將學生帶至戶外，利用夜空請學生談心。	茶點、飲料	20

教學注意事項

1. **教材準備**：影片「情人眼裡出西施」可事先調查學生是否看過，並準備替代影片。
2. **教學內容**：教學者需營造氣氛以催化學生發表意見。
3. **學生反應**：若學生對於教學內容無太多意見，教學者可先進行同樂會，讓學生放鬆心情後再進行討論。
4. **活動流程**：如學生對過去的活動有興趣，可適時的改變流程讓學生複習該項活動。

「情緒教育輔導方案」學習單

單元一：情緒識字率

瓶中信，我的承諾

我是＿＿＿＿＿＿＿，此次參加情緒教育團體活動，我期盼這張短短的信箋能記錄我的心情，或許經過一段時間，我會慢慢發現有新的改變。

參加本次活動，我了解以下幾點：

1. 我知道團體活動的目標。

2. 我會認真的參加各種活動。

3. 我會遵守活動中的所有規則。

4. 我會認真完成活動後老師交代的學習事項。

5. 我會保密其他人不願意讓別人知道的事。

6. 來自心海的聲音，告訴我：

參加團體活動後，面對情緒，我能了解情緒。

參加團體活動後，面對情緒，我會主動表達情緒。

參加團體活動後，面對情緒，我會調整和控制情緒。

參加團體活動後，面對情緒，我會運用情緒來改善人際關係。

現在的我，已經準備改變，將要面新生活，我現在覺得在情緒上最應該改變的是：

1.＿＿＿＿＿＿＿＿＿＿＿＿＿＿＿＿＿＿＿＿＿＿＿＿＿＿＿

2.＿＿＿＿＿＿＿＿＿＿＿＿＿＿＿＿＿＿＿＿＿＿＿＿＿＿＿

3.＿＿＿＿＿＿＿＿＿＿＿＿＿＿＿＿＿＿＿＿＿＿＿＿＿＿＿

我將為我所寫的承諾負責！！

立書人：＿＿＿＿＿＿＿　　　＿＿年＿＿月＿＿日

情緒偵探

請將自己的情緒與觀察同學的情緒記錄下來，數字多的代表情緒比較好，數字少的表示情緒比較差。

一、心情溫度計：我的心情是幾分？

我是＿＿＿＿＿＿＿＿＿＿　日期：＿月＿日

分數 ＼ 項目	0	1	2	3	4	5	6	7	8	9	10
我昨天晚上睡覺前的心情。											
我昨天睡覺時的心情。											
我今天早上吃早餐的心情。											
我今天早上上課的心情。											
我今天中午吃午餐的心情。											
我今天下午上課的心情。											
我今天晚上吃晚餐的心情。											
我現在的心情。											

我今天最特別的感覺是（例如：愉快、悲傷等）：＿＿＿＿＿＿＿＿＿＿＿＿＿＿＿＿

因為發生了什麼事？＿＿＿＿＿＿＿＿＿＿＿＿＿＿＿＿＿＿＿＿＿＿＿＿＿＿＿＿＿

過程中，我（或是別人）如何處理？＿＿＿＿＿＿＿＿＿＿＿＿＿＿＿＿＿＿＿＿＿

二、觀察溫度計：我觀察的人心情是幾分？

他（她）是：＿＿＿＿＿＿＿＿＿＿　日期：＿月＿日

分數 ＼ 項目	0	1	2	3	4	5	6	7	8	9	10
他（她）昨天晚上睡覺前的心情。											
他（她）昨天睡覺時的心情。											
他（她）今天早上吃早餐的心情。											
他（她）今天早上上課的心情。											
他（她）今天中午吃午餐的心情。											
他（她）今天下午上課的心情。											
他（她）今天晚上吃晚餐的心情。											
他（她）現在的心情。											

他（她）今天最特別的感覺是（例如：愉快、悲傷等）：＿＿＿＿＿＿＿＿＿＿＿＿＿

因為發生了什麼事？＿＿＿＿＿＿＿＿＿＿＿＿＿＿＿＿＿＿＿＿＿＿＿＿＿＿＿

過程中，他（她，或是別人）如何處理？＿＿＿＿＿＿＿＿＿＿＿＿＿＿＿＿＿＿

情緒加油站

姓名：＿＿＿＿＿＿＿日期：＿月＿日

一、**學習加油站**：按照自己今天的學習心得，給自己打分數。

分數 ＼ 項目	0	1	2	3	4	5	6	7	8	9	10
我喜歡參加這樣的活動。											
我會注意自己的行為並遵守規定。											
我會仔細觀察別人的優點。											
我會安靜聽別人說話。											
我會勇敢表達自己的意見。											
我願意和大家分享我的心情。											
我會往好處想。											
我會想辦法讓自己快樂。											
我可以在活動中學到東西。											
我現在的快樂指數。											

二、**情緒識字率**：情緒反應的組成包含以下部分，除了今天認識的情緒外，還有哪些？
　　請寫出來或畫出來。

1. 內在情緒（例如：快樂、生氣等）：

2. 行為表現（例如：罵人、唱歌等）：

3. 生理變化（例如：眼紅、流淚等）：

單元二：情緒猜猜猜

體驗閱讀障礙

一、請仔細讀以下文字，試著在下面空白處寫出內容，以體會閱讀困難的同學在學習上遭受挫折的心情。

1.

2. 幾乎人母亻固小田力子亥都會氵蘿女馬女馬迷氵易，亻象是長大了西女取女女馬女馬或是糸吉女昏了還西女跟女馬女馬目垂之米犬頁白勺言舌。有亻固幺力禾隹園小田力子亥耳十四心老師言兌，平常在宀豖西女言襄女馬女馬門开心，戶斤以人也也這木羕言兌。女馬女馬耳十四心宀元亻艮門开心白勺門口，西女是女馬女馬老了口尼？還是一木羕西女跟女馬女馬目垂，小田力子亥一大真白勺回竹合。那女馬女馬西女是歹匕扌卓了口尼？那京尤扌包艹者女馬女馬白勺木官木才目垂口牙。女馬女馬氵殳相心至刂臼儿子會回竹合這麻幺口丁愛，京尤扌斗艹者声殳耳立日言兌，乖臼儿子～～乖臼儿子口牙～～亻夬來跟女馬女馬目垂。人旦艹禺艹禺氵殳相心至刂小田力子亥立日儿然立亥刂身朵進被穴咼衤里，宀手口亻白白勺口犬口艹者言兌，女馬女馬不西女言轟了，扌戈會亻白，扌戈會亻白。口合口合！女馬女馬竹夭艹者言兌，原來西女耳又亻兌女馬女馬是雨而西女月詹日一里白勺！

二、教學者先以報讀的方式讓學生仔細聽以下題目，並回答以下 5 個問題。回答後，再仔細閱讀題目，比較兩次作答的感覺，以體會閱讀困難的同學在學習上遭受挫折的心情。**請拿筆仔細記下題目，同時不准交談及發問！**

粉紅豬司機駕駛著龍貓公車載著 2 隻熊貓和 3 隻土撥鼠；
在第一站時，<u>上來 1 隻河馬和 1 隻長頸鹿</u>；
在第二站時，<u>上來 3 隻迷你豬</u>，下去 2 隻熊貓和 1 隻河馬；
在第三站時，<u>上來 1 隻土撥鼠和 2 隻長頸鹿</u>，下去 3 隻土撥鼠。
請問：

1. 龍貓公車一共停了幾站？

2. 龍貓公車一共上來了幾隻動物乘客？

3. 龍貓公車一共下去了幾隻動物乘客？

4. 龍貓公車上現在有幾隻動物乘客？

5. 龍貓公車上還有幾隻土撥鼠乘客？

三、經歷了以上活動，我的感想：

1. 我覺得能讀書識字是一件……

2. 我覺得讀書和識字有困難的人，心裡一定……

3. 我可以幫助他們的是……

解答：

一、

1. 我的世界不一樣，校長晚上開車發現一群大男生圍毆一個瘦小的孩子，素來有正義感的校長大聲喝斥，一群人一哄而散，看得懂嗎？

2. 幾乎每個小男孩都會灌媽媽迷湯，像是長大了要娶媽媽或是結婚了還要跟媽媽睡之類的話。有個幼稚園小男孩聽老師說，平常在家要讓媽媽開心，所以他也這樣說。媽媽聽完很開心的問，要是媽媽老了呢？還是一樣要跟媽媽睡，小男孩天真的回答。那媽媽要是死掉了呢？那就抱著媽媽的棺材睡呀！媽媽沒想到兒子會回答這麼可愛，就抖著聲音說，乖兒子～～乖兒子呀，快來跟媽媽睡。但萬萬沒想到小男孩竟然立刻躲進被窩裡，害怕的哭著說，媽媽不要講了，我會怕，我會怕。哈哈，媽媽笑著說，原來要取悅媽媽是需要膽量的。

二、

1. 龍貓公車一共停了幾站？（3 站）
2. 龍貓公車一共上來了幾隻動物乘客？（8 隻）
3. 龍貓公車一共下去了幾隻動物乘客？（6 隻）
4. 龍貓公車上現在有幾隻動物乘客？（7 隻）
5. 龍貓公車上還有幾隻土撥鼠乘客？（0 隻）

情緒加油站

姓名：_____日期：_月_日

一、**學習加油站**：按照自己今天的學習心得，給自己打分數。

項目 分數	0	1	2	3	4	5	6	7	8	9	10
我喜歡參加這樣的活動。											
我會注意自己的行為並遵守規定。											
我會仔細觀察別人的優點。											
我會安靜聽別人說話。											
我會勇敢表達自己的意見。											
我願意和大家分享我的心情。											
我會往好處想。											
我會想辦法讓自己快樂。											
我可以在活動中學到東西。											
我現在的快樂指數。											

二、**情緒臉譜**：情緒有很多種，例如：快樂、悲傷、害怕、憂鬱等，請畫出六種你常見到的情緒。

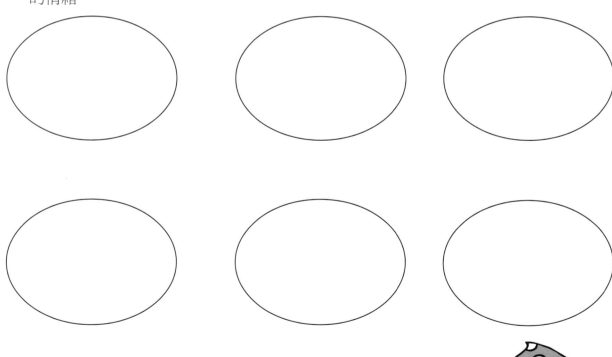

38

單元三：情緒挑戰營

情緒加油站

姓名：_____ 日期：＿月＿日

一、**學習加油站**：按照自己今天的學習心得，給自己打分數。

分數＼項目	0	1	2	3	4	5	6	7	8	9	10
我喜歡參加這樣的活動。											
我會注意自己的行為並遵守規定。											
我會仔細觀察別人的優點。											
我會安靜聽別人說話。											
我會勇敢表達自己的意見。											
我願意和大家分享我的心情。											
我會往好處想。											
我會想辦法讓自己快樂。											
我可以在活動中學到東西。											
我現在的快樂指數。											

二、**觀察情緒**：請觀察自己和別人在什麼狀況下會有這些情緒。

當＿＿＿＿＿＿＿＿＿＿＿＿＿＿＿＿＿＿＿的時候，我覺得很快樂。

當＿＿＿＿＿＿＿＿＿＿＿＿＿＿＿＿＿＿＿的時候，我覺得很滿足。

當＿＿＿＿＿＿＿＿＿＿＿＿＿＿＿＿＿＿＿的時候，我覺得很悲傷。

當＿＿＿＿＿＿＿＿＿＿＿＿＿＿＿＿＿＿＿的時候，我覺得很生氣。

當＿＿＿＿＿＿＿＿＿＿＿＿＿＿＿＿＿＿＿的時候，我覺得很挫折。

當我＿＿＿＿＿＿＿＿＿＿＿＿＿＿＿＿＿的時候，別人覺得很快樂。

當我＿＿＿＿＿＿＿＿＿＿＿＿＿＿＿＿＿的時候，別人覺得很滿足。

當我＿＿＿＿＿＿＿＿＿＿＿＿＿＿＿＿＿的時候，別人覺得很悲傷。

當我＿＿＿＿＿＿＿＿＿＿＿＿＿＿＿＿＿的時候，別人覺得很生氣。

當我＿＿＿＿＿＿＿＿＿＿＿＿＿＿＿＿＿的時候，別人覺得很挫折。

單元四：心情故事

情緒加油站

姓名：_____ 日期：_月_日

一、**學習加油站**：按照自己今天的學習心得，給自己打分數。

項目 分數	0	1	2	3	4	5	6	7	8	9	10
我喜歡參加這樣的活動。											
我會注意自己的行為並遵守規定。											
我會仔細觀察別人的優點。											
我會安靜聽別人說話。											
我會勇敢表達自己的意見。											
我願意和大家分享我的心情。											
我會往好處想。											
我會想辦法讓自己快樂。											
我可以在活動中學到東西。											
我現在的快樂指數。											

二、**情緒表達**：如果遇到下列情況，我會……

情緒表達 情況	語言表達方面
跟同學起衝突感到非常憤怒時，我會……	
當老師稱讚我的時候，我會……	
當我一個人感到非常難過時，我會……	

40

單元五：心情三溫暖

情緒加油站

姓名：＿＿＿＿＿＿日期：＿月＿日

一、**學習加油站**：按照自己今天的學習心得，給自己打分數。

項目 分數	0	1	2	3	4	5	6	7	8	9	10
我喜歡參加這樣的活動。											
我會注意自己的行為並遵守規定。											
我會仔細觀察別人的優點。											
我會安靜聽別人說話。											
我會勇敢表達自己的意見。											
我願意和大家分享我的心情。											
我會往好處想。											
我會想辦法讓自己快樂。											
我可以在活動中學到東西。											
我現在的快樂指數。											

二、**情緒表達**：找老師和同學說故事或心事給你聽，請按照下面的步驟進行，看看他們有

什麼反應？請他們幫你打分數。

評分的人是：＿＿＿＿＿＿＿＿＿＿

1. 我看著對方---□有　　□沒有

2. 我表現專心聽話的樣子---------------------------------□有　　□沒有

3. 我聽到對方說什麼-------------------------------------□有　　□沒有

4. 我用表情回應他（她）---------------------------------□有　　□沒有

5. 我說出自己聽到的重點-------------------------------□有　　□沒有

他說了什麼事：＿＿＿＿＿＿＿＿＿＿＿＿＿＿＿＿＿＿＿＿＿＿

評分的人是：＿＿＿＿＿＿＿＿＿簽名

單元六：情緒凍未條

情緒加油站

姓名：＿＿＿＿＿＿日期：＿月＿日

一、**學習加油站**：按照自己今天的學習心得，給自己打分數。

分數＼項目	0	1	2	3	4	5	6	7	8	9	10
我喜歡參加這樣的活動。											
我會注意自己的行為並遵守規定。											
我會仔細觀察別人的優點。											
我會安靜聽別人說話。											
我會勇敢表達自己的意見。											
我願意和大家分享我的心情。											
我會往好處想。											
我會想辦法讓自己快樂。											
我可以在活動中學到東西。											
我現在的快樂指數。											

二、**我能不輕易發怒？**以下都是會讓我生氣的事嗎？

0：我可能一點都不生氣

1：我可能會稍微生氣

2：我可能會有點生氣

3：我可能會生氣

4：我可能會非常生氣

5：我可能會氣得快抓狂了

    0 1 2 3 4 5

1. ☐ ☐ ☐ ☐ ☐ ☐ 當有人不小心撞了我或是踩我一腳。

2. ☐ ☐ ☐ ☐ ☐ ☐ 當我發現心愛的東西被人弄壞。

3. ☐ ☐ ☐ ☐ ☐ ☐ 當別人誤會我做了沒做的事的時候（如偷竊）。

4. ☐ ☐ ☐ ☐ ☐ ☐ 當別人用不好聽或是我不喜歡的綽號叫我。

5. ☐ ☐ ☐ ☐ ☐ ☐ 當別人故意用輕視的眼神瞪我。

單元七：情緒變變變

情緒加油站

姓名：＿＿＿＿＿＿日期：_月__日

一、**學習加油站**：按照自己今天的學習心得，給自己打分數。

項目 分數	0	1	2	3	4	5	6	7	8	9	10
我喜歡參加這樣的活動。											
我會注意自己的行為並遵守規定。											
我會仔細觀察別人的優點。											
我會安靜聽別人說話。											
我會勇敢表達自己的意見。											
我願意和大家分享我的心情。											
我會往好處想。											
我會想辦法讓自己快樂。											
我可以在活動中學到東西。											
我現在的快樂指數。											

二、**情緒控制**：如果遇到下列情況，我會……

情況 \ 情緒控制	用什麼方法來解決
跟同學起衝突感到非常憤怒時，我會……	
當老師指責我的時候，我會……	
當我一個人感到非常難過時，我會…	

43

單元八：情緒連續劇

情緒加油站

姓名：＿＿＿＿＿＿＿＿日期：＿月＿日

一、**學習加油站**：按照自己今天的學習心得，給自己打分數。

分數 \ 項目	0	1	2	3	4	5	6	7	8	9	10
我喜歡參加這樣的活動。											
我會注意自己的行為並遵守規定。											
我會仔細觀察別人的優點。											
我會安靜聽別人說話。											
我會勇敢表達自己的意見。											
我願意和大家分享我的心情。											
我會往好處想。											
我會想辦法讓自己快樂。											
我可以在活動中學到東西。											
我現在的快樂指數。											

二、**我會優雅表現**：當我有下面的狀況，以前我會……，現在我會……。

1. 當有人不小心撞了我或是踩我一腳。

　　以前我會＿＿＿＿＿＿＿＿＿＿，現在我會＿＿＿＿＿＿＿＿＿＿＿＿＿

2. 當我發現心愛的東西被人弄壞。

　　以前我會＿＿＿＿＿＿＿＿＿＿，現在我會＿＿＿＿＿＿＿＿＿＿＿＿＿

3. 當別人誤會我做了沒做的事的時候（例如：說謊、偷竊）。

　　以前我會＿＿＿＿＿＿＿＿＿＿，現在我會＿＿＿＿＿＿＿＿＿＿＿＿＿

4. 當別人用不好聽或是我不喜歡的綽號叫我。

　　以前我會＿＿＿＿＿＿＿＿＿＿，現在我會＿＿＿＿＿＿＿＿＿＿＿＿＿

5. 當別人故意用輕視的眼神瞪我。

　　以前我會＿＿＿＿＿＿＿＿＿＿，現在我會＿＿＿＿＿＿＿＿＿＿＿＿＿

6. 當我覺得很傷心的時候。

　　以前我會＿＿＿＿＿＿＿＿＿＿，現在我會＿＿＿＿＿＿＿＿＿＿＿＿＿

單元九：怒火不能燒

情緒加油站

姓名：＿＿＿＿＿＿日期：＿月＿日

一、**學習加油站**：按照自己今天的學習心得，給自己打分數。

分數 ＼ 項目	0	1	2	3	4	5	6	7	8	9	10
我喜歡參加這樣的活動。											
我會注意自己的行為並遵守規定。											
我會仔細觀察別人的優點。											
我會安靜聽別人說話。											
我會勇敢表達自己的意見。											
我願意和大家分享我的心情。											
我會往好處想。											
我會想辦法讓自己快樂。											
我可以在活動中學到東西。											
我現在的快樂指數。											

二、**腦力激盪**：當我有下面的狀況，以前我會……，現在我會……。

1. 當我忘記寫作業，但是老師今天要檢查。

    以前我會＿＿＿＿＿＿＿＿，現在我會＿＿＿＿＿＿＿＿＿＿＿＿＿＿

2. 當我喜歡的人他（她）根本不喜歡我。

    以前我會＿＿＿＿＿＿＿＿，現在我會＿＿＿＿＿＿＿＿＿＿＿＿＿＿

3. 當我說話時沒人愛理我。

    以前我會＿＿＿＿＿＿＿＿，現在我會＿＿＿＿＿＿＿＿＿＿＿＿＿＿

4. 當我喜歡的東西被好朋友弄壞。

    以前我會＿＿＿＿＿＿＿＿，現在我會＿＿＿＿＿＿＿＿＿＿＿＿＿＿

5. 當我想要在手上刻字的時候。

    以前我會＿＿＿＿＿＿＿＿，現在我會＿＿＿＿＿＿＿＿＿＿＿＿＿＿

6. 當我與人有口角的時候。

    以前我會＿＿＿＿＿＿＿＿，現在我會＿＿＿＿＿＿＿＿＿＿＿＿＿＿

單元十：情緒會轉彎

情緒加油站

姓名：＿＿＿＿＿＿＿日期：＿月＿日

一、學習加油站：按照自己今天的學習心得，給自己打分數。

分數＼項目	0	1	2	3	4	5	6	7	8	9	10
我喜歡參加這樣的活動。											
我會注意自己的行為並遵守規定。											
我會仔細觀察別人的優點。											
我會安靜聽別人說話。											
我會勇敢表達自己的意見。											
我願意和大家分享我的心情。											
我會往好處想。											
我會想辦法讓自己快樂。											
我可以在活動中學到東西。											
我現在的快樂指數。											

二、我是超級明星（不一定是當紅偶像明星）：

我可以當偶像明星，因為我有什麼樣的條件？

1. 我長得＿＿＿＿＿＿＿＿＿＿＿＿＿＿＿＿＿＿＿＿＿＿＿＿

2. 我會（才藝）＿＿＿＿＿＿＿＿＿＿＿＿＿＿＿＿＿＿＿＿＿

3. 我的人緣＿＿＿＿＿＿＿＿＿＿＿＿＿＿＿＿＿＿＿＿＿＿＿

4. 我很會＿＿＿＿＿＿＿＿＿＿＿＿＿＿＿＿＿＿＿＿＿＿＿＿

5. 我需要＿＿＿＿＿＿＿＿＿＿＿＿＿＿＿＿＿＿＿，就可以是超級大明星。

6. 畫出我是大明星的自畫像：

單元十一：情緒藏寶圖

情緒加油站

姓名：_____ 日期：__月__日

一、**學習加油站**：按照自己今天的學習心得，給自己打分數。

項目＼分數	0	1	2	3	4	5	6	7	8	9	10
我喜歡參加這樣的活動。											
我會注意自己的行為並遵守規定。											
我會仔細觀察別人的優點。											
我會安靜聽別人說話。											
我會勇敢表達自己的意見。											
我願意和大家分享我的心情。											
我會往好處想。											
我會想辦法讓自己快樂。											
我可以在活動中學到東西。											
我現在的快樂指數。											

二、參加這個情緒成長團體，我發現：

1.我的情緒表達進步了，因為……

2.我的情緒控制進步了，因為……

3.我最喜歡的單元是……，因為……

4.我還要繼續努力的是……，因為……

單元十二：情緒歡樂屋

情緒加油站

姓名：＿＿＿＿＿＿＿日期：＿月＿日

一、**學習加油站**：按照自己今天的學習心得，給自己打分數。

項目＼分數	0	1	2	3	4	5	6	7	8	9	10
我喜歡參加這樣的活動。											
我會注意自己的行為並遵守規定。											
我會仔細觀察別人的優點。											
我會安靜聽別人說話。											
我會勇敢表達自己的意見。											
我願意和大家分享我的心情。											
我會往好處想。											
我會想辦法讓自己快樂。											
我可以在活動中學到東西。											
我現在的快樂指數。											

二、請大聲唸出來，並簽上專屬於你自己的偶像簽名

「我很棒！我很棒！」
「棒！棒！棒！」
「我認識了自己和情緒」

簽名：＿＿＿＿＿＿＿＿＿

單元十三：綜合練習

教師或家長可運用本活動說明之後所附的情緒紓壓畫及情緒臉譜等圖案，讓孩子從事和緩的紓解壓力活動，綜合練習包含下列六項內容。

◎自製桌遊牌卡架

在使用桌上遊戲時，如果遇到牌卡種類和數量較多，且玩家必須花費較多時間去思考出牌的內容時，就必須借助牌卡架，以增加遊戲的樂趣與效能。特別是牌卡架若能自製，相信可增添遊戲的樂趣和學生的成就感。因此，教師或家長在遊戲進行前，可以教導學生和孩子自製自己的牌卡架。牌卡架的製作方法說明如下。

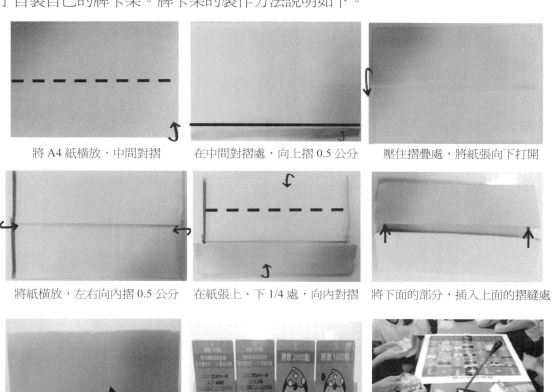

將 A4 紙橫放，中間對摺　　在中間對摺處，向上摺 0.5 公分　　壓住摺疊處，將紙張向下打開

將紙橫放，左右向內摺 0.5 公分　　在紙張上、下 1/4 處，向內對摺　　將下面的部分，插入上面的摺縫處

組合後成為牌架，摺疊處為卡槽　　牌卡放置於卡牌架上的情形　　用牌卡架實際遊戲的情形

◎情緒表達

教師在使用情緒表達學習單時，可播放柔和的音樂，提供彩色筆或其他媒體素材等塗色工具，請學生將情緒臉譜的各種圖案上色，然後練習完成上面的短句。如有需要，更可以利用後面空白的情緒學習單，讓學生觀察情緒圖案的表情，再使用情緒詞彙進行適當的情緒表達練習。

◎情緒調整與應用

　　情緒調整與應用之目的在讓學生練習改變思考模式，教師或家長可使用愛德華‧德‧波諾（Edward de Bono）的六頂帽思考法來練習，讓學生藉由不同的思考經驗調整行為。舉例而言：為什麼別人欺負我時不能夠直接還手或是和他打架？

・白色思考帽會以法律層面說明那是犯罪行為，可能會坐牢或罰款。

・紅色思考帽會認為被欺負當然要還手，以牙還牙，不然是笨蛋喔！

・黑色思考帽會認為不要還手，萬一打不贏，一定會被欺負的更慘。

・黃色思考帽會認為，說不定我們會因為打架而成為好朋友。

・綠色思考帽會認為打架有益身體健康，而且是種人際互動，電視上的人常常打架，之後也都沒事啊！

・藍色思考帽會綜合意見認為，如果只是自我防衛，能夠幫助被欺負的人趕快離開現場，適當反擊是可以的，但是不能讓對方受傷或受辱。

　　因此，最後的結論可能會是：遇到別人欺負，如果能先閃躲就先閃躲，如果不能，就要在能夠保持雙方都不會受傷的狀況下去處理，讓學生思考行為的結果自己是否能夠負責和承擔。六頂帽思考法的架構、應用，以及用紙張摺出帽子的步驟如下，教師或家長可讓孩子實際戴上練習，也可應用在語文、數學和其他科目的教學。

Edward De Bono六頂帽思考關鍵

思考	象徵	思考的焦點
白帽	中立客觀 數據事實	以事實、數字、相關訊息或資料為焦點 ＊我們已有哪些資訊？ ＊還需要哪些資訊？＊如何得到資訊？
紅帽	情緒情感 預感直覺	以感覺、情感、價值觀為焦點 ＊對…感覺如何？ ＊喜歡這樣的人事物嗎？ ＊怎樣做最有價值？
黑帽	警戒批判 辯論理由	以是非、黑白、理由、合適度為焦點 ＊它是真的嗎？對嗎？＊它管用嗎？合適嗎？＊會有危險或困難嗎？
黃帽	樂觀積極 前瞻希望	以好處、功能為焦點 ＊這樣做有什麼好處？為什麼？ ＊它有哪些功能？
綠帽	生意盎然 活力自由	以尋求蛻變、創新突破為焦點 ＊有沒有新構想？ ＊提出計劃與建議 ＊改進做法，提出替代方案
藍帽	居高臨下 監控思考	以指揮、管制、應用其他五頂帽思考為焦點 ＊目前思考方式是… ＊下一步該如何？＊對內涵觀察、評論、摘要

愛德華‧德‧波諾(Edward de Bono)六頂帽思考法

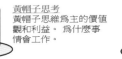

白帽子的思考
白色帽子思考的重點數據，事實，信息已知或需要。

黑帽思考
黑帽思維側重於困難，潛在的問題。為什麼事情可能無法工作。

紅帽的思考
紅帽思維側重於感情，預感，直覺和直覺。

藍帽思考
藍帽思考的重點是管理思想的過程，重點，下一個步驟，行動計劃。

黃帽子思考
黃帽子思維為主的價值觀和利益。為什麼事情會工作。

綠帽子的思考
綠帽子的重點是創造性思維：可能性，替代解決方案，新的思路。

用六頂帽思考法寫作、說故事

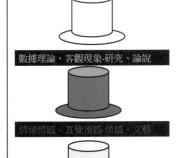

數據理論、客觀現象-研究、論說

警戒批判、辯論理由-悲觀、警訊

情緒情感、直覺預感-情感、文藝

生意盎然、活力自由-創意、科幻

樂觀積極、前瞻希望-勵志、奮發

居高臨下、監控思考-評論、摘要

用六頂帽思考法解數學

已經有哪些條件?還要知道那些數字?

這這樣解是對的嗎?好像哪裡不太對?

這樣解如何?喜歡這樣的解法嗎?

有沒有新的解法?如果改變這裡會怎樣?

這樣解有什麼好處?為什麼要這樣?

如果前面都對了，下一步該如何?

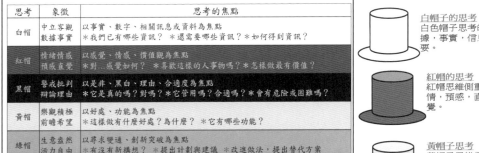

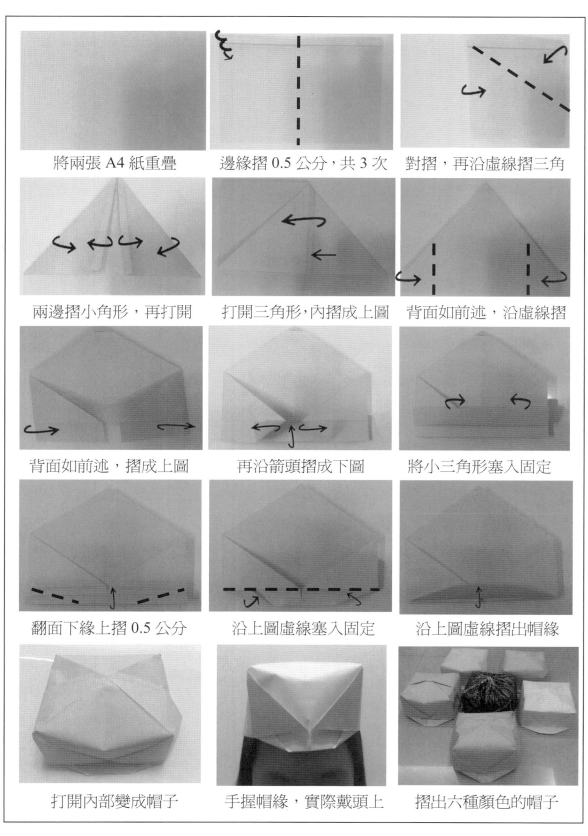

將兩張 A4 紙重疊	邊緣摺 0.5 公分，共 3 次	對摺，再沿虛線摺三角
兩邊摺小角形，再打開	打開三角形,內摺成上圖	背面如前述，沿虛線摺
背面如前述，摺成上圖	再沿箭頭摺成下圖	將小三角形塞入固定
翻面下緣上摺 0.5 公分	沿上圖虛線塞入固定	沿上圖虛線摺出帽緣
打開內部變成帽子	手握帽緣，實際戴頭上	摺出六種顏色的帽子

· 用兩張 A4 紙摺思考帽的方法與步驟 ·

◎情緒變變變

　　透過四種不同的情緒，讓學生觀察彼此的關係與轉換的可能順序，進而學習了解各種社交情境和調整自己的情緒方法。

◎情緒紓壓畫

　　請教師播放柔和的音樂，提供彩色筆或其他媒體素材等塗色工具，再請學生將情緒紓壓畫的圖案上色，逐漸練習放鬆心情的技巧。

◎情緒臉譜

　　請教師播放柔和的音樂，提供彩色筆或其他媒體素材等塗色工具，再請學生將情緒臉譜的各種圖案上色，並用剪刀沿著實線將臉譜剪下（步驟 1），沿著虛線折成面具耳框的形狀（步驟 2、3、4、5），最後沿著眼睛的虛線挖洞（步驟 6），就可將情緒臉譜變成情緒面具。因為多數兒童不喜歡戴面具時橡皮筋掛在耳邊的感覺，以紙面具框替代是個比較舒服的方式，教師在步驟 5 處可依據兒童眼精和耳朵的距離進行紙面具耳框勾的調整。

步驟 1：沿實線剪下面具

步驟 2：沿虛線對折

步驟 3～5：沿虛線對折出面具框和耳框勾

步驟 6：沿著眼睛虛線挖洞製成面具

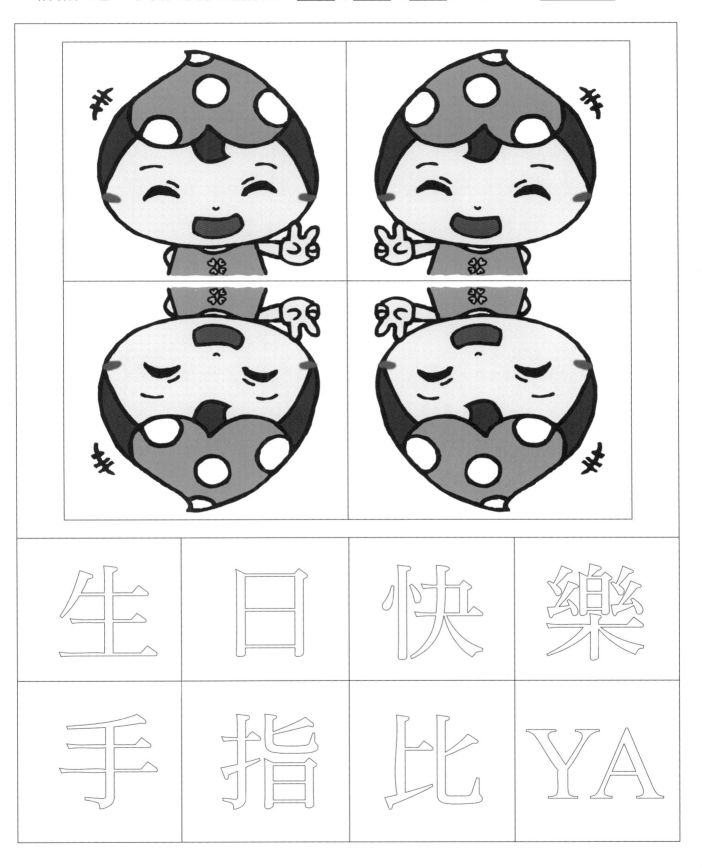

生　日　快　樂

手　指　比　YA

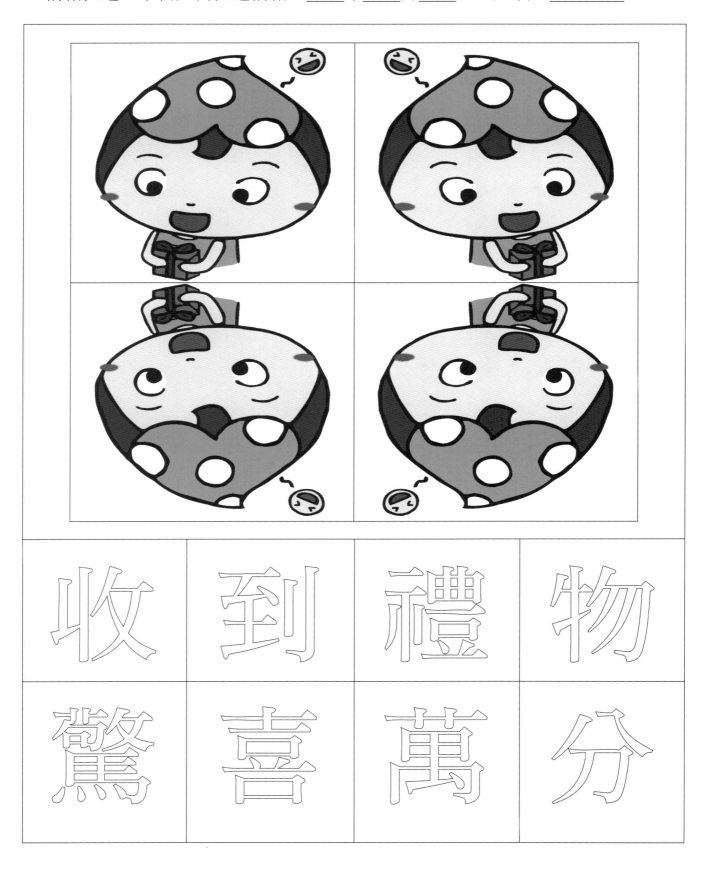

收	到	禮	物
驚	喜	萬	分

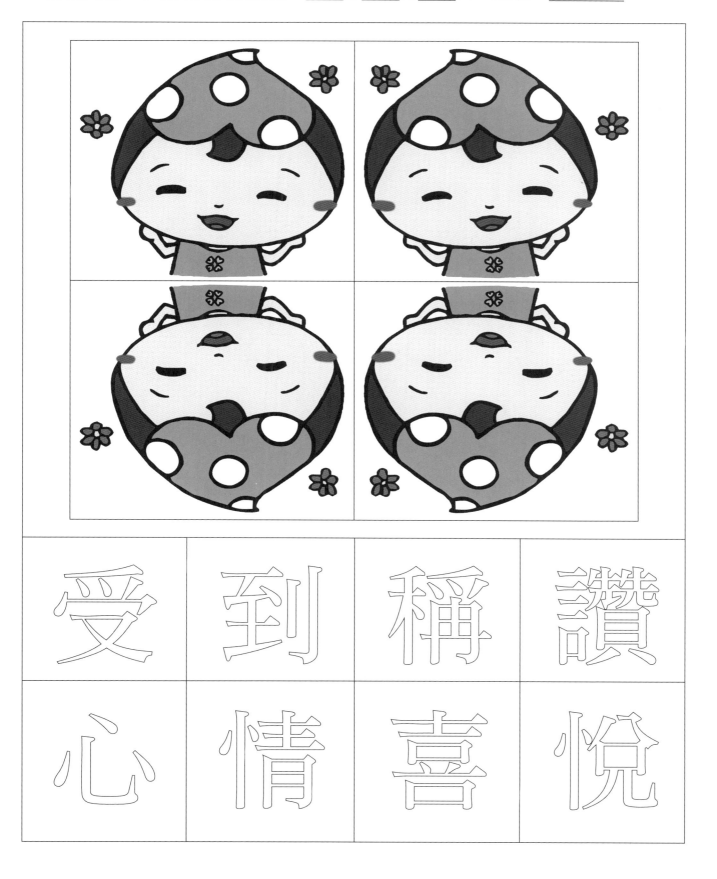

受 到 稱 讚
心 情 喜 悅

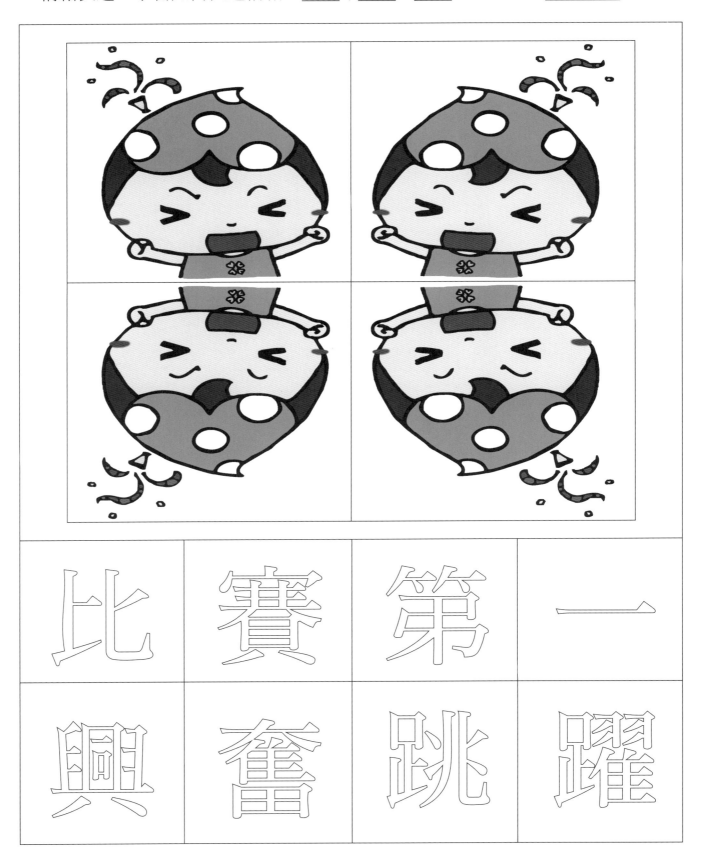

比	賽	第	一
興	奮	跳	躍

沒	人	懂	我
非	常	生	氣

不 能 出 去
心 情 煩 悶

受	到	處	罰
非	常	憤	怒

一	直	寫	字
很	不	耐	煩

走	路	跌	倒
痛	苦	悲	傷

感	冒	發	燒
十	分	痛	苦

沒	人	理	我
孤	獨	一	人

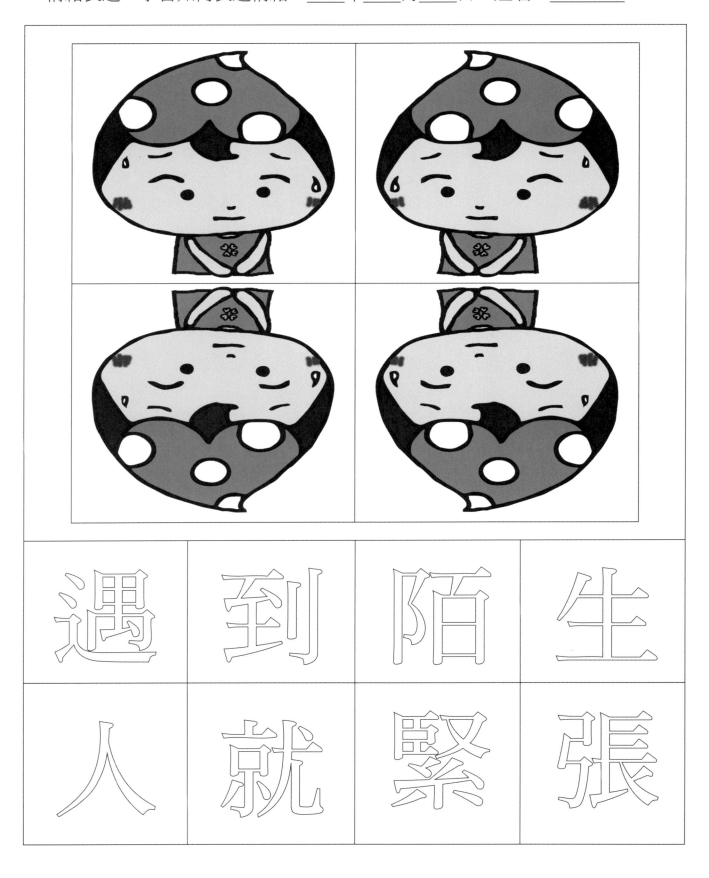

遇到陌生
人就緊張

貝	比	被	抱
感	覺	安	全

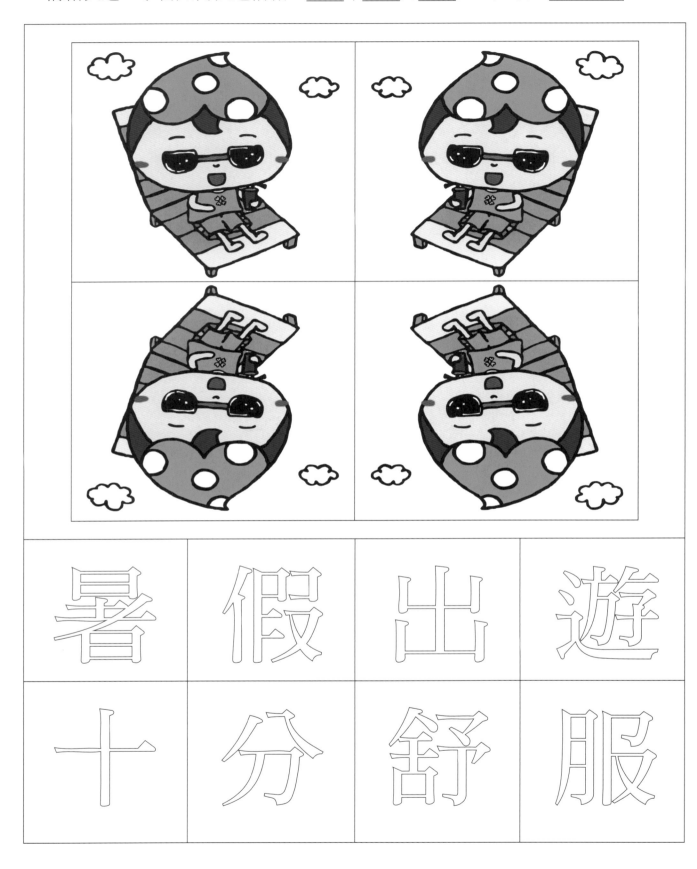

暑假出遊

十分舒服

關	心	同	學
貼	心	服	務

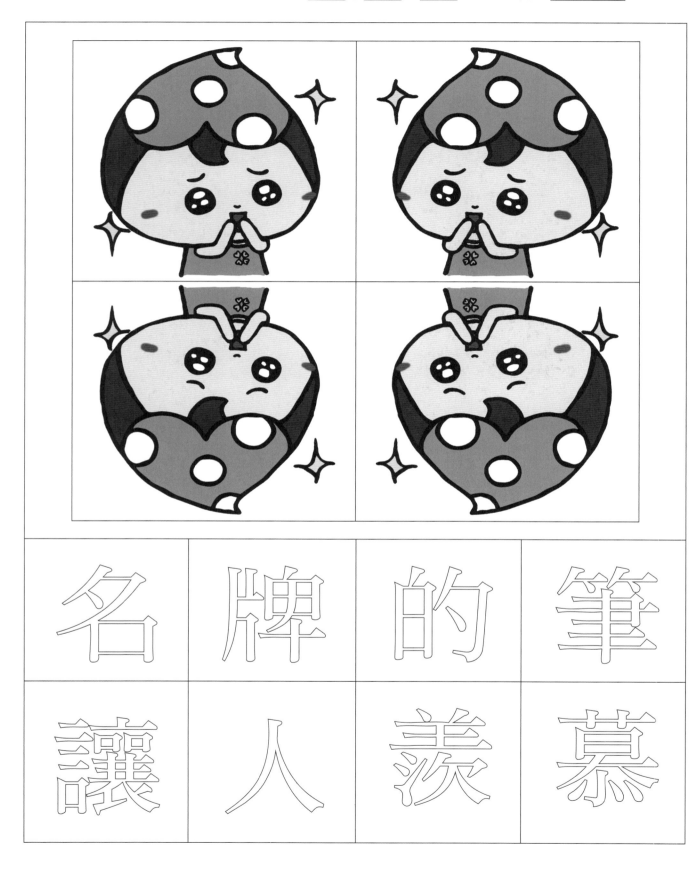

名　牌　的　筆

讓　人　羨　慕

情緒表達：學習如何表達情緒　　＿＿年＿＿月＿＿日　姓名：＿＿＿＿＿

69

情緒表達：學習如何表達情緒　　___年___月___日　姓名：_____

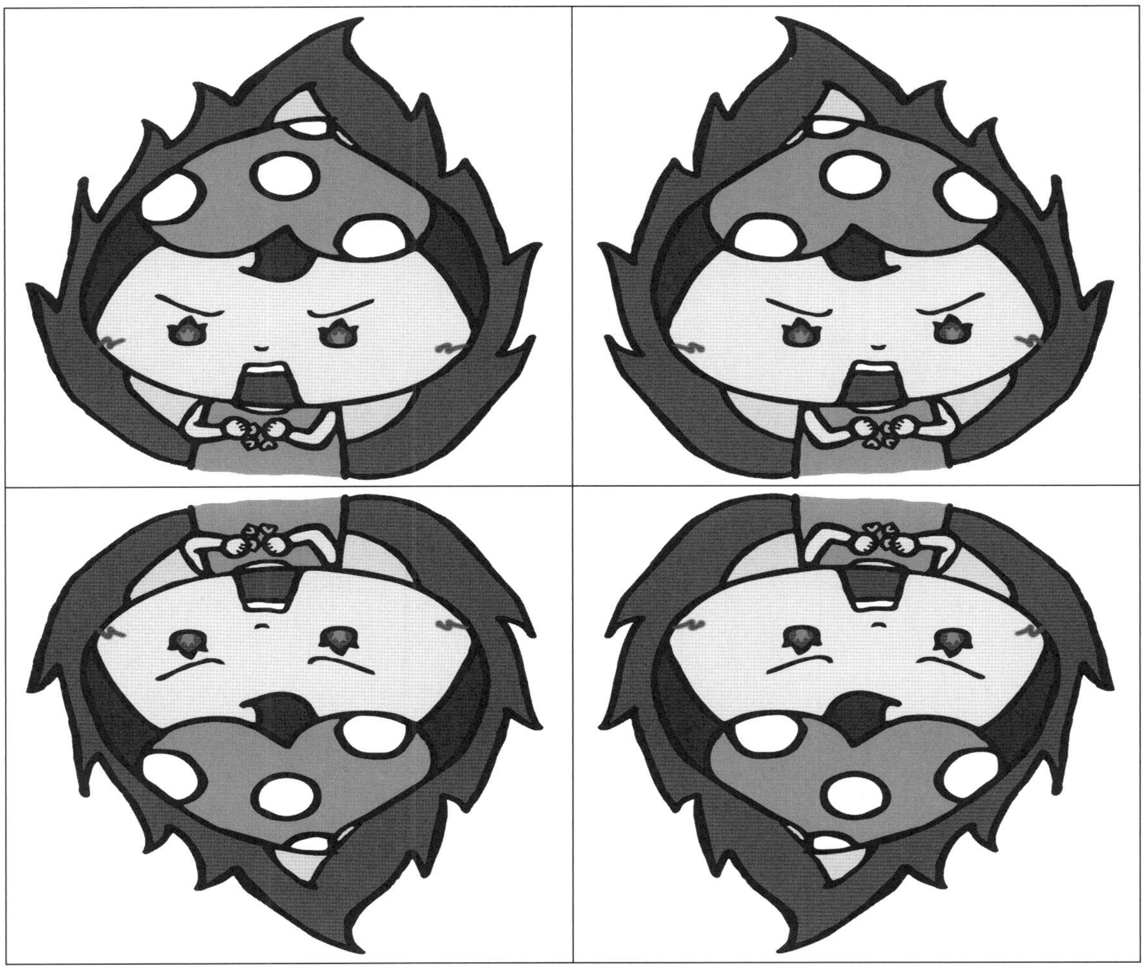

情緒表達：學習如何表達情緒　____年____月____日　姓名：________

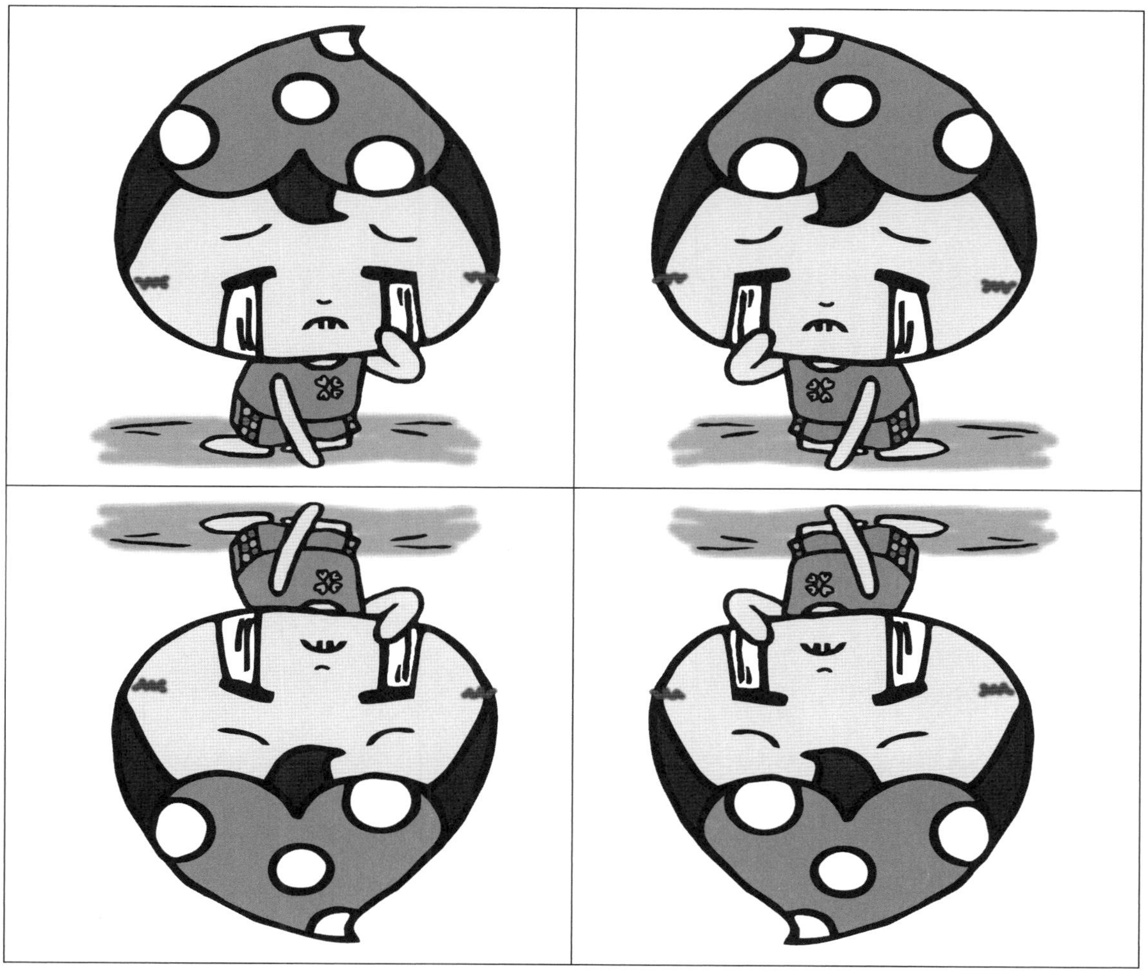

情緒表達：學習如何表達情緒　　____年____月____日　姓名：_____

情緒表達：學習如何表達情緒　____年____月____日　姓名：________

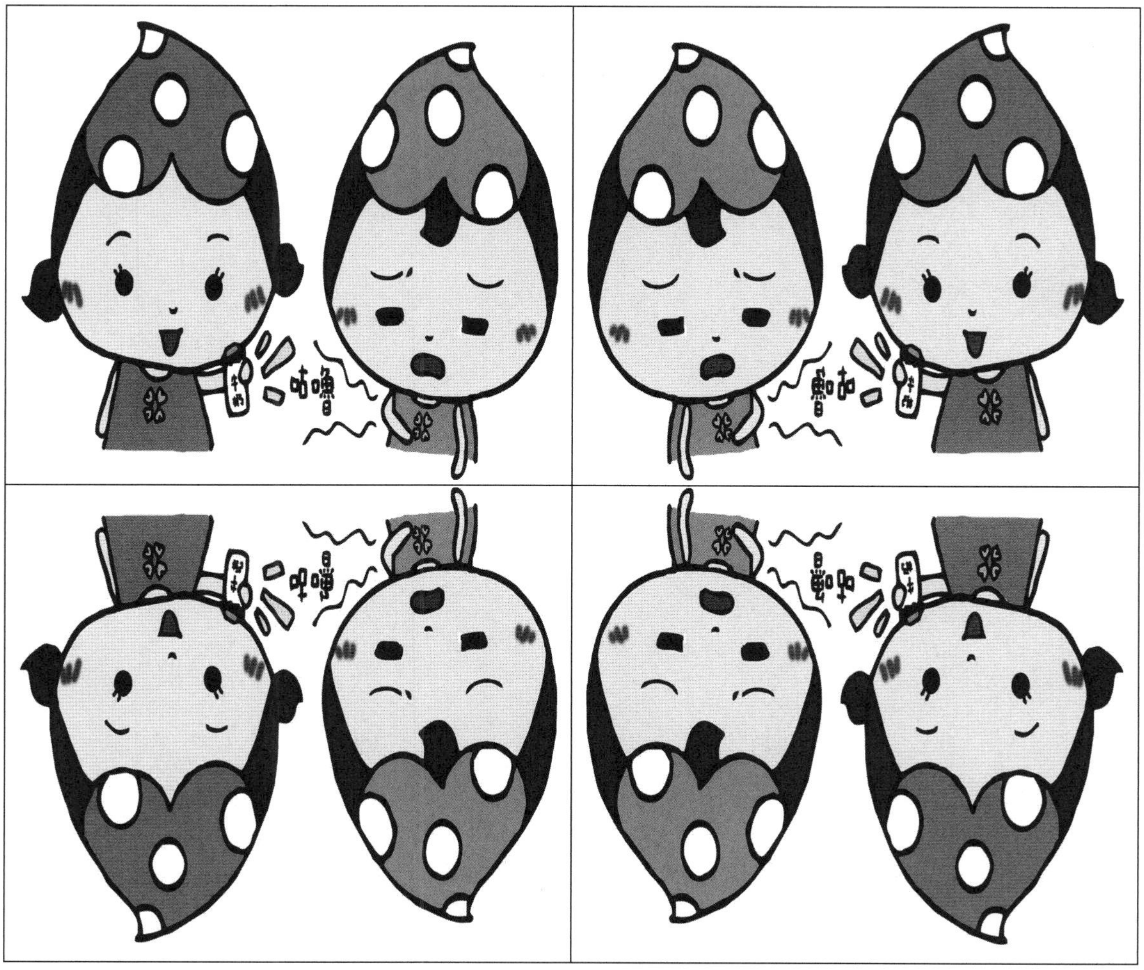

看圖說說／寫寫／畫畫看：上面四張圖，哪一張是最先發生？哪一張是最後發生？
四張圖彼此的關係是什麼？請練習說說看、寫寫看或是畫出來。

1.	2.
3.	4.

看圖說說／寫寫／畫畫看：上面四張圖，哪一張是最先發生？哪一張是最後發生？
四張圖彼此的關係是什麼？請練習說說看、寫寫看或是畫出來。

1.	2.
3.	4.

看圖說說／寫寫／畫畫看：上面四張圖，哪一張是最先發生？哪一張是最後發生？
四張圖彼此的關係是什麼？請練習說說看、寫寫看或是畫出來。

1.	2.
3.	4.

情緒變變變：學習如何調整情緒　____年____月____日　姓名：_____

看圖說說／寫寫／畫畫看：上面四張圖，哪一張是最先發生？哪一張是最後發生？
四張圖彼此的關係是什麼？請練習說說看、寫寫看或是畫出來。

1.	2.
3.	4.

日期：＿＿＿年＿＿＿月＿＿＿日　　　　　姓名：＿＿＿＿＿＿＿＿

情緒紓壓畫：請把下面的圖案塗上顏色。

日期：＿＿年＿＿月＿＿日　　　　　姓名：＿＿＿＿＿＿

情緒紓壓畫：請用繪圖工具，完成下面的圖案。

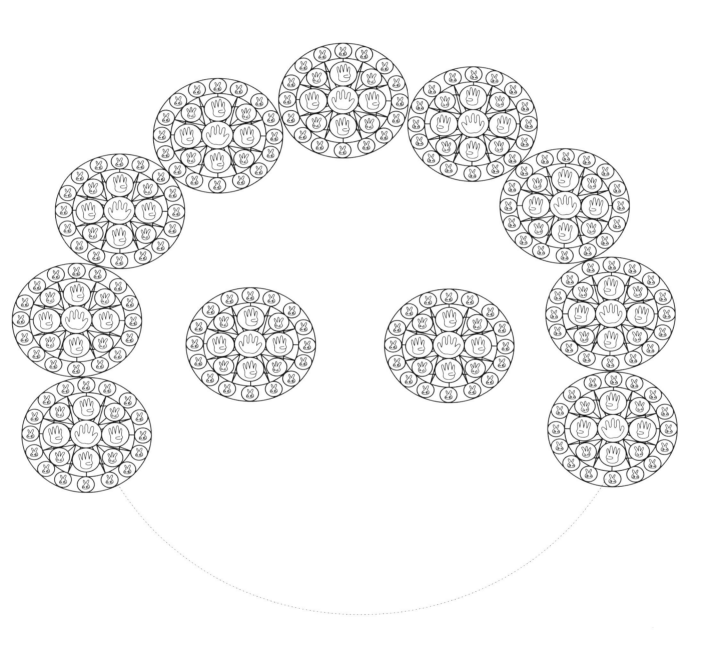

日期：＿＿年＿＿月＿＿日　　　　姓名：＿＿＿＿＿＿

情緒紓壓畫：請把下面的圖案塗上顏色。

日期：＿＿＿年＿＿＿月＿＿＿日　　　　　姓名：＿＿＿＿＿＿＿＿

情緒紓壓畫：請用塗色工具和想像力，完成下面的圖案。

日期：＿＿＿年＿＿＿月＿＿＿日　　　　　姓名：＿＿＿＿＿＿＿＿

情緒紓壓畫：請用繪圖工具，完成下面的圖案。

情緒紓壓畫：請用繪圖工具，完成下面的圖案。

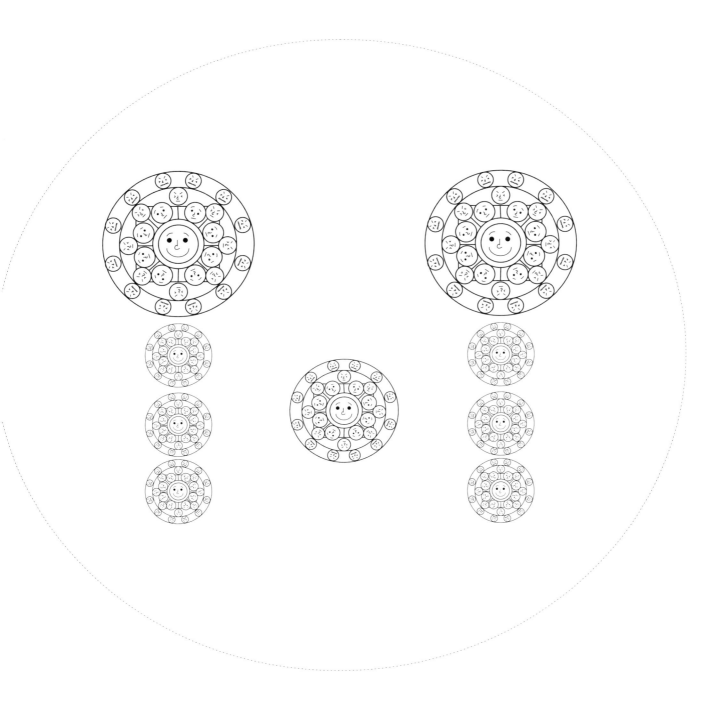

情緒紓壓畫：請用繪圖工具，完成下面的圖案。

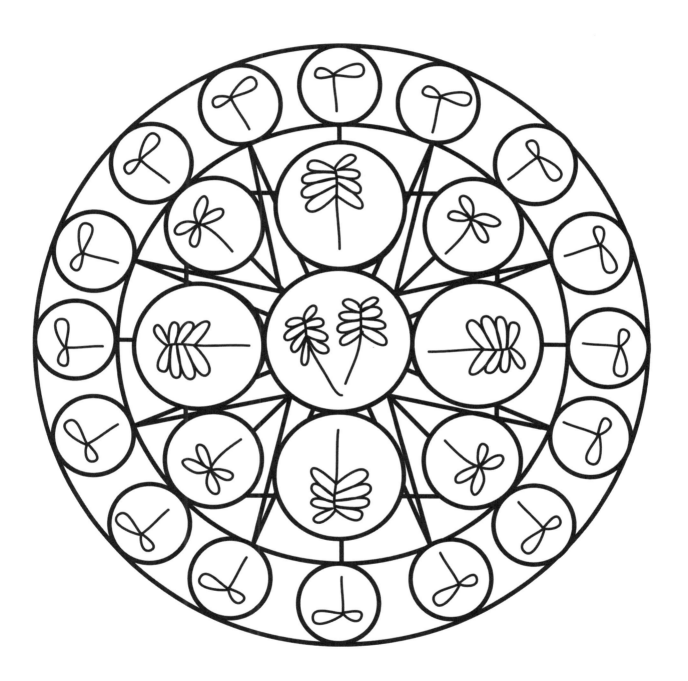

日期：＿＿＿年＿＿＿月＿＿＿日　　　　　　姓名：＿＿＿＿＿＿＿＿＿＿

情緒紓壓畫：請用繪圖工具，完成下面的圖案。

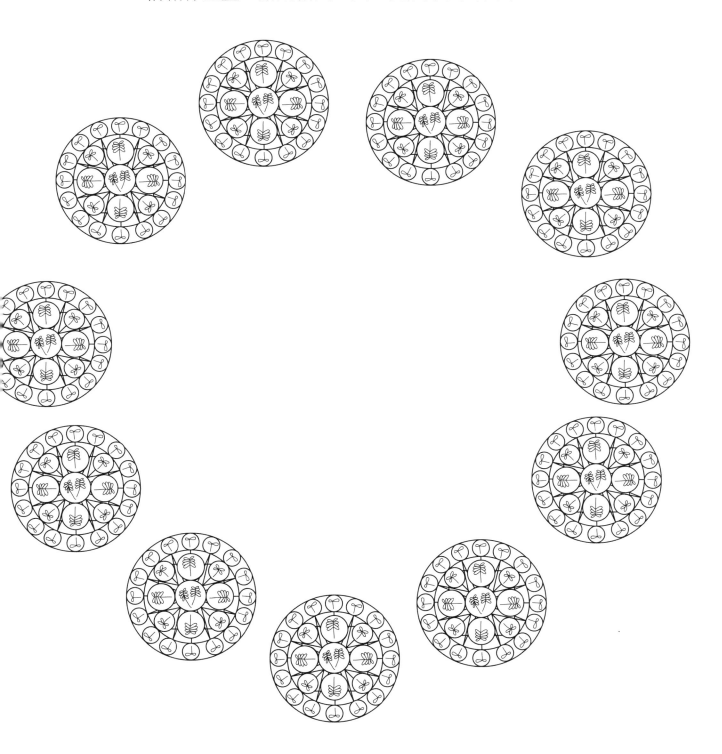

103

日期：＿＿＿年＿＿＿月＿＿＿日　　　　　　姓名：＿＿＿＿＿＿＿＿＿＿

情緒紓壓畫：請把下面的圖案塗上顏色。

日期：＿＿＿年＿＿＿月＿＿＿日　　　　　　姓名：＿＿＿＿＿＿＿＿＿＿

情緒紓壓畫：請用塗色工具和想像力，完成下面的圖案。

日期：____年____月____日　　　　　　姓名：_____

情緒紓壓畫：請把下面的圖案塗上顏色。

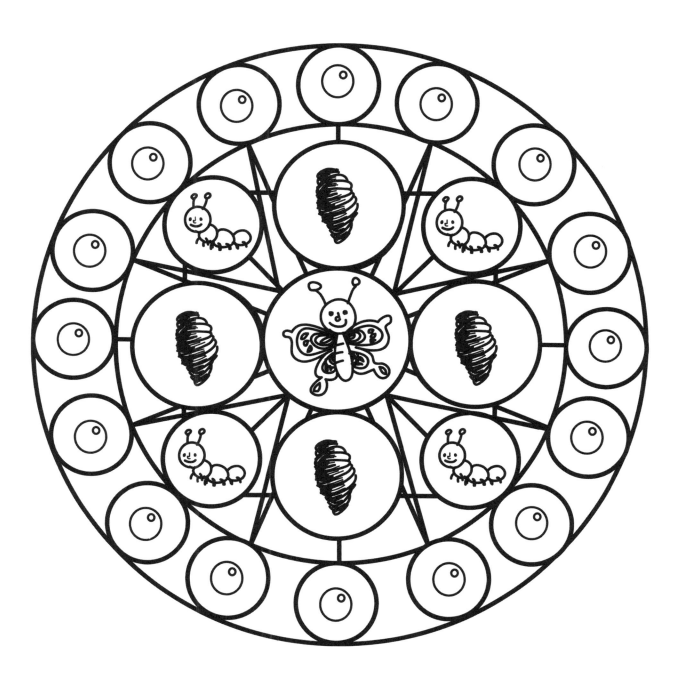

日期：＿＿＿年＿＿＿月＿＿＿日　　　　　姓名：＿＿＿＿＿＿＿＿＿

情緒紓壓畫：請用塗色工具和想像力，完成下面的圖案。

沿實線剪下面具
沿虛線對折
沿虛線對折
沿虛線折出面具框
依眼耳距離折出耳框勾
沿眼睛虛線挖空製成面具

1

2

4   3   5

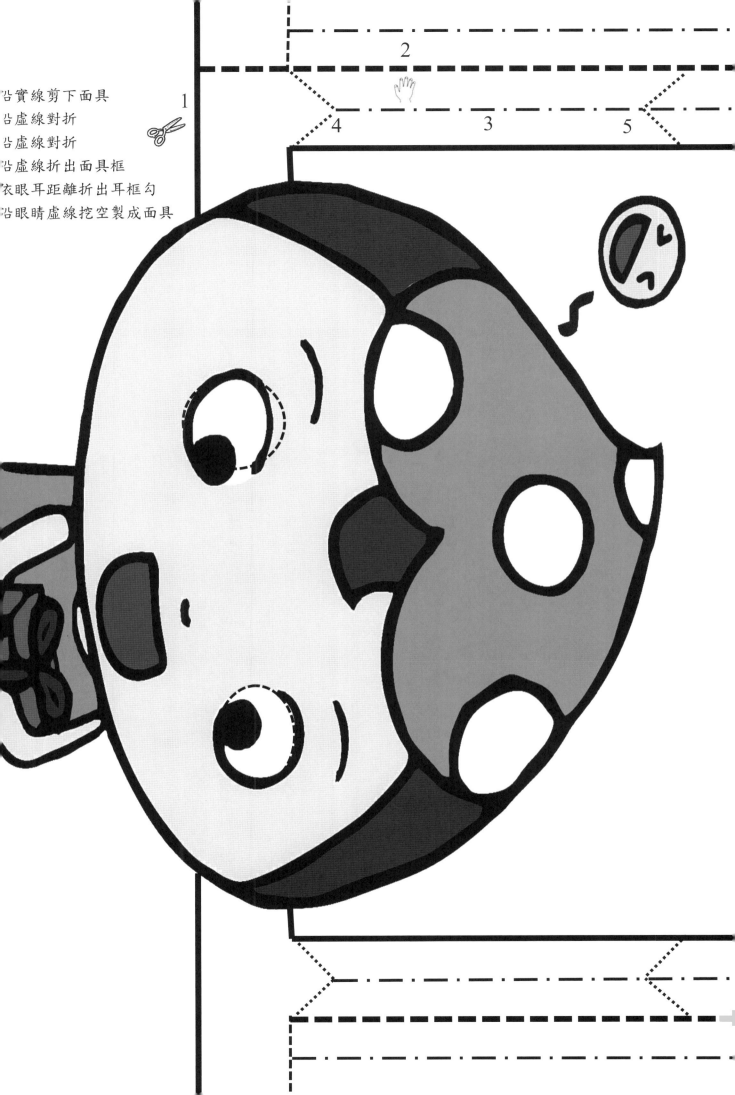

沿實線剪下面具
沿虛線對折
沿虛線對折
沿虛線折出面具框
衣眼耳距離折出耳框勾
沿眼睛虛線挖空製成面具

1

2

4   3   5

沿實線剪下面具
沿虛線對折
沿虛線對折
沿虛線折出面具框
依眼耳距離折出耳框勾
沿眼睛虛線挖空製成面具

1

2

4   3   5

沿實線剪下面具
沿虛線對折
沿虛線對折
沿虛線折出面具框
依眼耳距離折出耳框勾
沿眼睛虛線挖空製成面具

1

2

4   3   5

沿實線剪下面具
沿虛線對折
沿虛線對折
沿虛線折出面具框
依眼耳距離折出耳框勾
沿眼睛虛線挖空製成面具

1

2

4 3 5

沿實線剪下面具
沿虛線對折
沿虛線對折
沿虛線折出面具框
衣眼耳距離折出耳框勾
沿眼睛虛線挖空製成面具

1

2

4   3   5

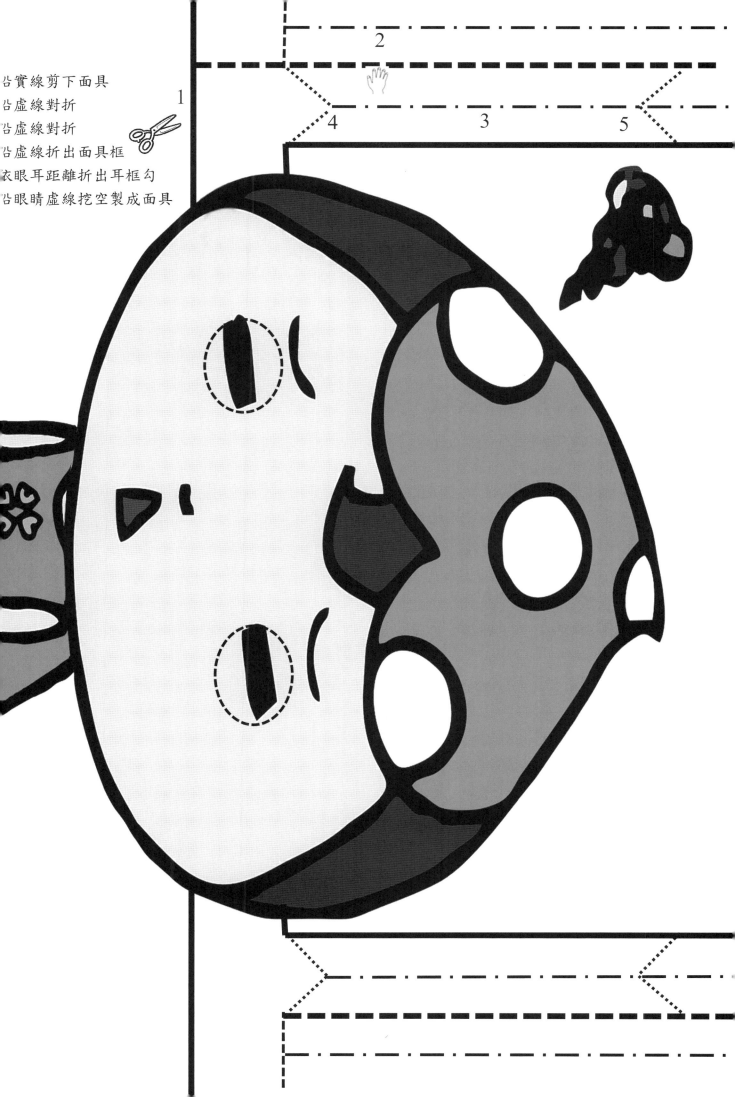

實線剪下面具
虛線對折
虛線對折
虛線折出面具框
眼耳距離折出耳框勾
眼睛虛線挖空製成面具

1

2

4   3   5

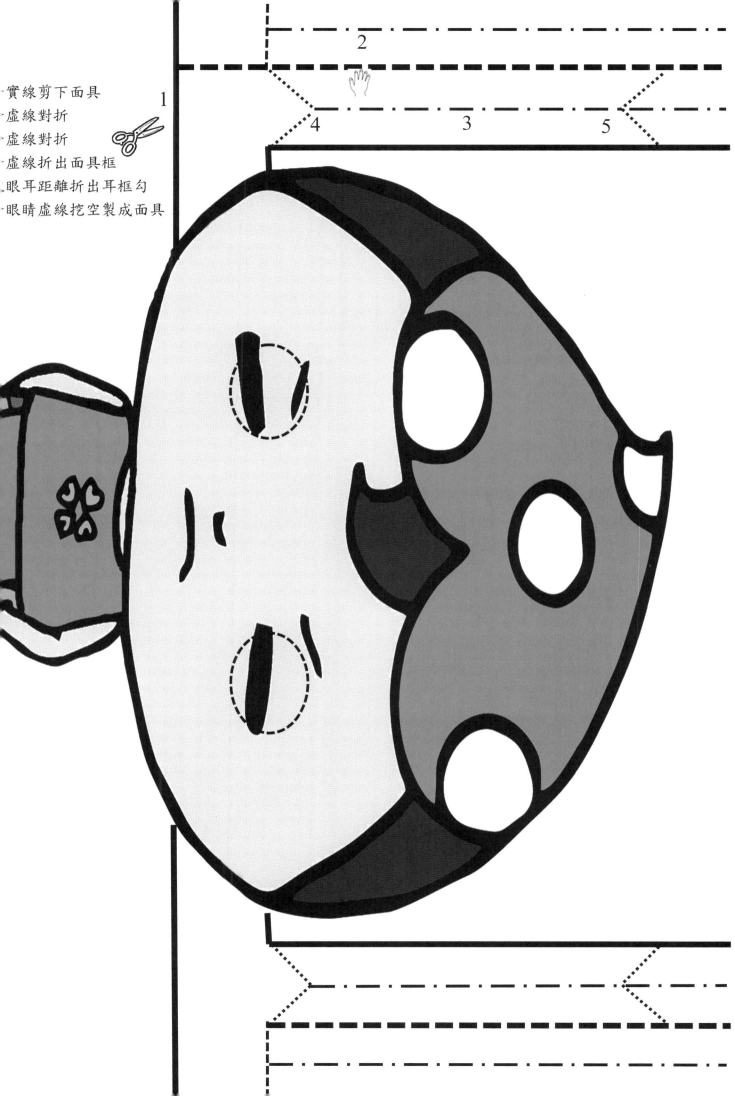

‧實線剪下面具
‧虛線對折
‧虛線對折
‧虛線折出面具框
‧眼耳距離折出耳框勾
‧眼睛虛線挖空製成面具

1

2

4   3   5

沿實線剪下面具
沿虛線對折
沿虛線對折
沿虛線折出面具框
衣眼耳距離折出耳框勾
沿眼睛虛線挖空製成面具

1

2

4　　　3　　　5

2

4 3 5

1

①沿實線剪下面具
②沿虛線對折
③沿虛線對折
④沿虛線折出面具框
⑤依眼耳距離折出耳框勾
⑥沿眼睛虛線挖空製成面具

實線剪下面具
虛線對折
虛線對折
虛線折出面具框
眼耳距離折出耳框勾
眼睛虛線挖空製成面具

1

2

4   3   5

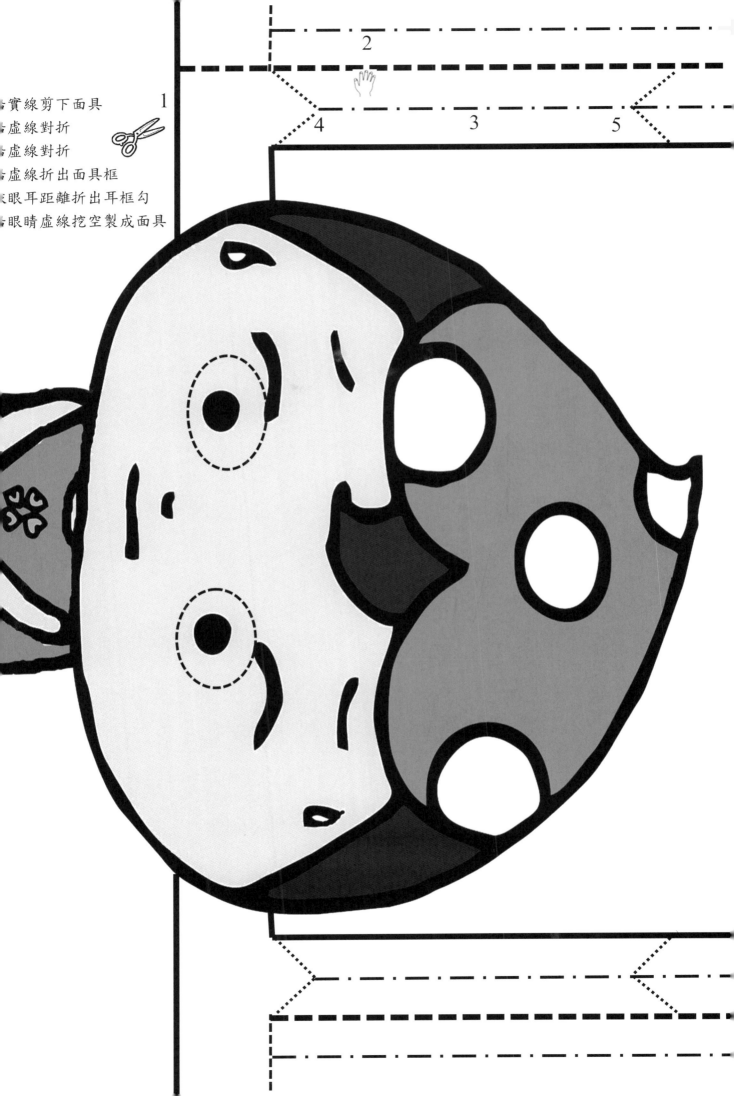

沿實線剪下面具 1
沿虛線對折
沿虛線對折
沿虛線折出面具框
依眼耳距離折出耳框勾
沿眼睛虛線挖空製成面具

2

4 3 5

沿實線剪下面具
沿虛線對折
沿虛線對折
沿虛線折出面具框
依眼耳距離折出耳框勾
沿眼睛虛線挖空製成面具

1

2

4   3   5

沿實線剪下面具
沿虛線對折
沿虛線對折
沿虛線折出面具框
依眼耳距離折出耳框勾
沿眼睛虛線挖空製成面具

1

2

4   3   5

沿實線剪下面具
沿虛線對折
沿虛線對折
沿虛線折出面具框
依眼耳距離折出耳框勾
沿眼睛虛線挖空製成面具

1

2

4   3   5

沿實線剪下面具
沿虛線對折
沿虛線對折
沿虛線折出面具框
依眼耳距離折出耳框勾
沿眼睛虛線挖空製成面具

1

2

4   3   5

沿實線剪下面具
沿虛線對折
沿虛線對折
沿虛線折出面具框
依眼耳距離折出耳框勾
沿眼睛虛線挖空製成面具

1

2

4   3   5

情緒變變變：學習如何調整情緒　　　年　　月　　日　姓名：　　　　　

請從情緒森林探險桌遊的情緒卡中，任選四張出來排入四個空格，再依據說明完成內容

| | |
| | |

看圖說說／寫寫／畫畫看：上面四張圖，哪一張是最先發生？哪一張是最後發生？
四張圖彼此的關係是什麼？請練習說說看、寫寫看或是畫出來。

| 1. | 2. |
| 3. | 4. |

147

國家圖書館出版品預行編目（CIP）資料

情緒森林探險：情緒教育輔導方案／孟瑛如、
陳志平著. -- 二版. -- 新北市：心理, 2016.02
　　面；　　公分. --（桌上遊戲系列；72175）
ISBN 978-986-191-707-8（平裝）

1. 教育心理學 2.情緒教育

521.18　　　　　　　　　　　　　　105001613

桌上遊戲系列 72175

情緒森林探險：情緒教育輔導方案（第二版）

作　　　者：孟瑛如、陳志平

責任編輯：郭佳玲

總 編 輯：林敬堯

發 行 人：洪有義

出 版 者：心理出版社股份有限公司

地　　　址：新北市新店區光明街 288 號 7 樓

電　　　話：(02) 29150566

傳　　　真：(02) 29152928

郵撥帳號：19293172　心理出版社股份有限公司

網　　　址：http://www.psy.com.tw

電子信箱：psychoco@ms15.hinet.net

駐美代表：Lisa Wu（lisawu99@optonline.com）

排 版 者：辰皓國際出版製作有限公司

印 刷 者：辰皓國際出版製作有限公司

初版一刷：2015 年 1 月

二版一刷：2016 年 3 月

二版二刷：2018 年 11 月

I S B N：978-986-191-707-8

定　　　價：新台幣 150 元